汉字重逢

飞鸟知天意

郑博文◎著

四川科学技术出版社

图书在版编目（CIP）数据

汉字重逢．飞鸟知天意 / 郑博文著．-- 成都：四川科学技术出版社，2024.1
ISBN 978-7-5727-1186-2

Ⅰ．①汉… Ⅱ．①郑… Ⅲ．①汉字－儿童读物 Ⅳ．①H12-49

中国国家版本馆 CIP 数据核字（2023）第 204092 号

汉字重逢　飞鸟知天意

HANZI CHONGFENG　FEINIAO ZHI TIANYI

著者　郑博文

出品人	程佳月
策划编辑	江红丽
责任编辑	江红丽
助理编辑	潘　甜　苏梦悦
插　　图	刘　伟
装帧设计	黄而锴　四川看熊猫杂志有限公司
责任出版	欧晓春
出版发行	四川科学技术出版社
	地址：成都市锦江区三色路 238 号　邮政编码：610023
	官方微博：http://weibo.com/sckjcbs
	官方微信公众号：sckjcbs
	传真：028-86361756
成品尺寸	170 mm × 240 mm
印　　张	43
字　　数	860 千
印　　刷	四川华龙印务有限公司
版　　次	2024 年 1 月第 1 版
印　　次	2024 年 1 月第 1 次印刷
定　　价	159.20 元（全 4 册）

ISBN 978-7-5727-1186-2

邮　购：成都市锦江区三色路 238 号新华之星 A 座 25 层　邮政编码：610023
电　话：028-86361770

汉字重逢

飞鸟知天意

天地生我为人，我应思何事，作何行？或许只在俯仰之间，灵感的问询便升起于先人的内心。天有飞鸟，如何总能听闻季候的信号，知悉南北的寒暖？双足行地，如何勇于接受山川的检阅，遵行仁义的准则？自飞鸟处得来的，古人称它为“孚”，用以言说一种与生俱来的禀赋；从双脚下领悟的，古人称它为“信”，用以表述一种践行而成的品质。君子敬天爱人，知行合一，正是“孚”“信”两者的统一。“隹”“止”二字，就分别对应着天命与人事的密码。

目录

古老的天赋

一脚丈量山川

隹

古老的天赋

“隹”字言“孚”

每见飞鸟划过天空，你是否思量过鸟儿们的天赋？它们如此灵巧、机敏、自由，翼下挟风，仿佛天生便知晓天时的变换，又能熟记来去的方向。古人也早有这般感触，将鸟看作天意的信使与“良知”的化身。什么是“良知”呢？孟子说：“所不虑而知者，其良知也。”换言之，良知，是一种不假外求而能成就自己的内在力量，是人求诸己身、反复其道而获得的至诚之德。有此至诚之德者，就可称为“有孚”君子了。“有孚”者之能，古人以“隹”字来言说。

隹

有一种生灵，其轻盈敏锐，似天赋异禀，拥有无边的自由，又能悉知春秋轮转、节令更替之事，仿佛天之信使，通晓天时天意。古人称之为『隹』。

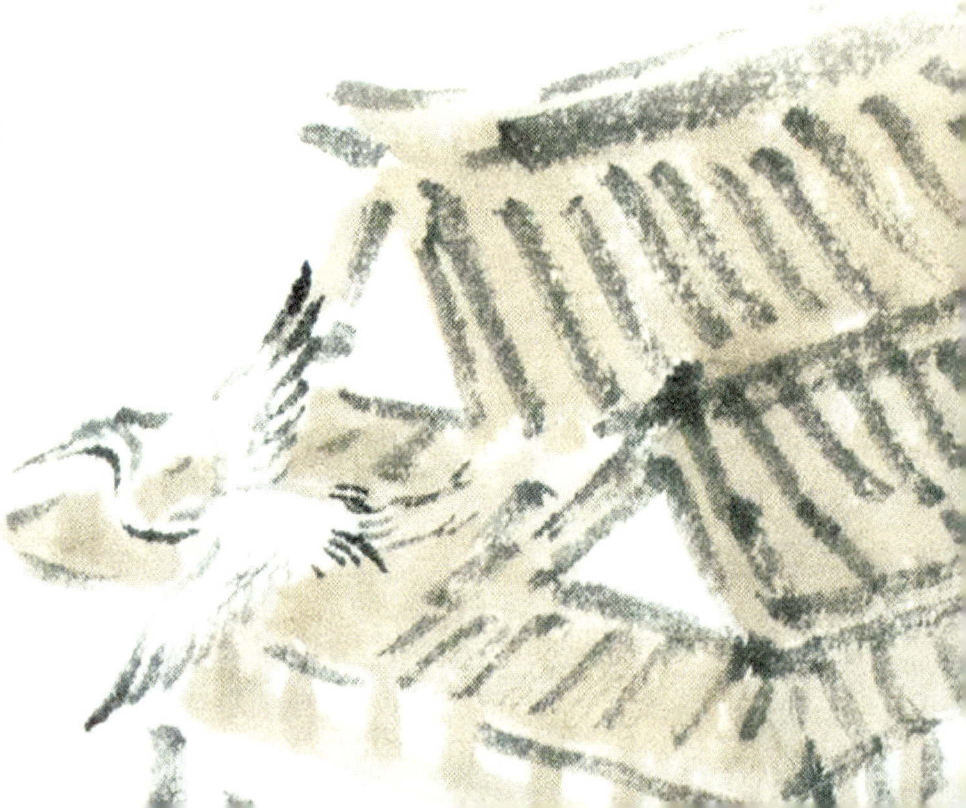

自古以来，鸟在人们心目中便是这样一种生灵：它们天生能飞翔于云天之上，能为人所不能为，动辄跨越百里；能见人所不能见，俯瞰江海山川。

◎鸟 金文

飞鸟之身，自古凝集着人们的向往与崇拜。故而从“天命玄鸟，降而生商”[1]到三星堆文明中的三足金乌，从百鸟朝

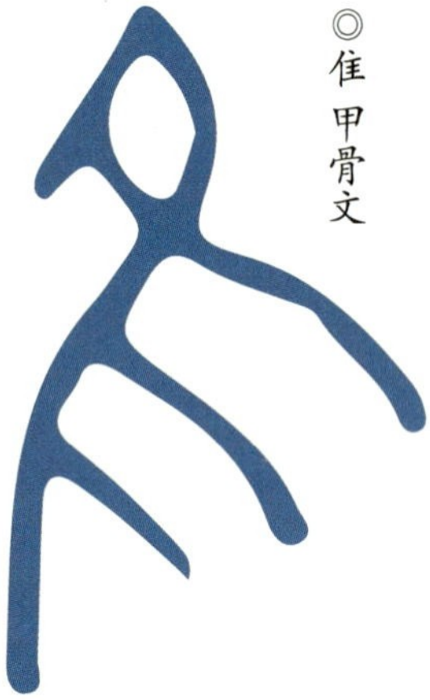

◎隹 甲骨文

◎隹 小篆

见的凤凰到南方之灵朱雀，从北冥之鲲所化的大鹏到传信蓬莱仙山的青鸟……各种神鸟之说，经久不衰。《周易》之中借鸟象言易理就达十多次，其他著录有鸟的经籍、诗赋更是汗牛充栋。

又如，中国四大名楼[2]中，就有半数以鸟名之——鹳雀楼与黄鹤楼。前者建成后，一

1 出自《诗经·商颂·玄鸟》。相传帝喾的次妃简狄，因吞玄鸟卵而怀孕生契，契即商之始祖。

2 鹳雀楼、黄鹤楼、岳阳楼、滕王阁，合称中国四大名楼。

种叫“鹳雀”的水鸟常常群集于楼上，故名“鹳雀楼”。鹳雀楼上视野开阔，黄河白日，群山云海，尽收眼底，骚人墨客纷纷来此赋诗咏怀。其中冠绝古今的是王之涣的四句：“白日依山尽，黄河入海流。欲穷千里目，更上一层楼。”至于黄鹤楼名称之由来，一说是因其建在黄鹄[1]山上而定名，一说是因曾有仙人于此楼之上乘鹤升天而得名，以此说入诗的崔颢，则留下了令李白也自叹弗如的千古一叹：“昔人已乘黄鹤去，此地空余黄鹤楼。黄鹤一去不复返，白云千载空悠悠。”

◎鸟 隶书

◎隹 隶书

这两大名楼楼名只六字，却包含了“五只”鸟——鹳雀楼中的“鹳雀”占三鸟，黄鹤楼中的“黄鹤”有二鸟。缘何这样说？因为有向来被今人忽视的飞鸟——“隹”字，与“鸟”字共同存身于楼名之中。“鹳”字左侧“雚”之下部，“雀”之下部，“鹤”字左侧“隺”之下部，皆为“隹”字；加上“鹳”“鹤”右侧的两个“鸟”字，共为五鸟。

1 古时“鹄”“鹤”二字一音之转，常相通用。

“隹”的本义

“隹”也是鸟，此事从何说起？甲骨文中保留了清晰珍贵的线索。数千年前，古人要造一个表示鸟类的字时，最初刻画的就是一只头、身、尾、羽样样具备的鸟之形象。不过在那时，汉字的字形尚且没有很标准，古人写画此鸟时，鸟头的朝向、羽毛的多少、鸟爪的有无、笔画的繁简，皆不固定。后来，这最初的鸟形就逐渐分化为两个同源字，一个是

“鸟”，另一个便是“隹”。起初，与鸟有关的字大多以“隹”为表意部件，以“鸟”为表意部件的则屈指可数。只是后来，“隹”被借用作发语词“唯”“惟”“维”，为了避免混淆，以“鸟”构字的现象才逐渐增多。总而言之，“隹”“鸟”在汉字中的表意是相当的。

◎隹金文

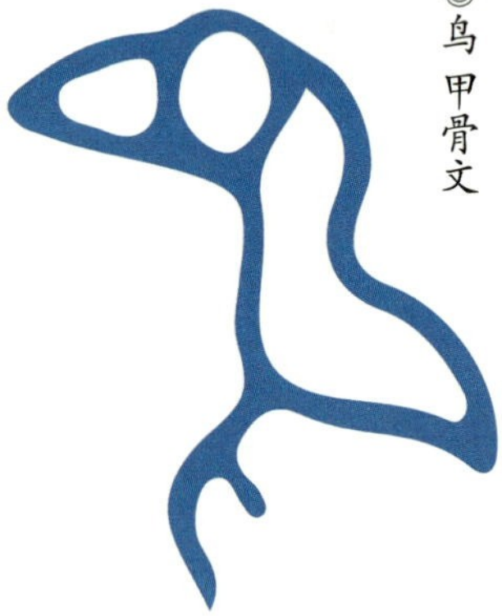

◎鸟甲骨文

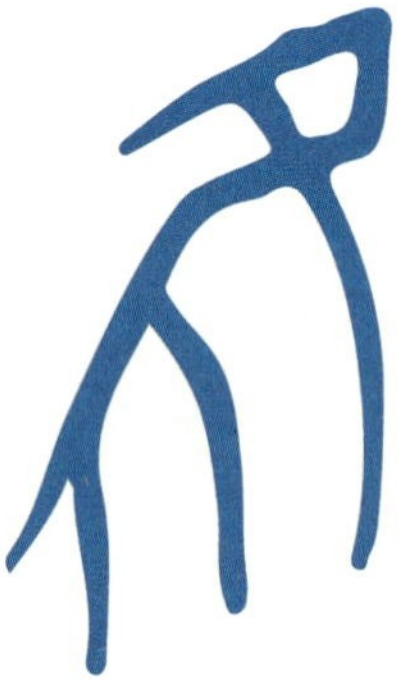

◎隹甲骨文

《诗经·周南·关雎》中有：“关关雎鸠，在河之洲。”其所言的“雎鸠”，“鸠”的右边是“鸟”，而“雎”的右边是“隹”——一鸟之名，既“隹”且“鸟”，说明两者确乎同义。再如“鸡”，它的楷书繁体曾有两种：“雞”与“鷄”。两者左部同为“奚”，而右部则一为“隹”，一为“鸟”，表意无

雞

◎鸡楷书

鷄

◎鸡楷书

别，是指人所豢养的报晓之家禽。又如“鸦”“雅”二字，左部同为“牙”，右部则前者为“鸟”，后者为“隹”，虽然两者如今的含义、用法有别，但其早先本义皆为乌鸦。知道了“隹”“鸟”同义，再看诸如“鹰隼”“雌雄”“雏稚”等词，便知其所指之物，皆与鸟类有关。

◎鸟 小篆

◎鸟 楷书

“隹”之言“孚”

徐锴曰：“鸟之孚卵，皆如其期，不失信也。鸟抱恒以爪反覆其卵也。”鸟孵卵，幼雏破壳而出，总是如期而成的；而为了使鸟卵均匀受热，成鸟会持续进行翻覆鸟卵的动作，俗称“翻蛋”。

◎隹 楷书

“孚”字上“爪”下“子”，一为鸟爪，一为鸟卵，正是“翻蛋”之象，为“孵”的本字。由于鸟孵卵有“天生如约”的特质，犹如人言行有信，不违其约。因此，古书中常以“信”来解释“孚”。

“孚”“信”之别

统言之，“孚”与“信”同；析言之，则两者又有微妙区别。“孚”字偏言“天生”，是先天具有的“良知”之虚；而“信”字偏言“人为”，是后天进行的“致”之实践。区别虽有，却不宜分而论之，因两者相互不可割舍而独在——“孚”为“信”之体，“信”为“孚”之用，彼此虚实相济，本质互体，相辅相成，共同构成《周易》法则之中以德为源的核心概念之一。

◎孚 甲骨文

人之有孚，若鸟有知时如约的天性，是知天道以明事理，故而有诚信之源。有此取象立意的基础，汉字中一系列抱“隹”而筑的字，就各自独立又暗中牵连，构成一个“有孚”君子立身行事之喻。

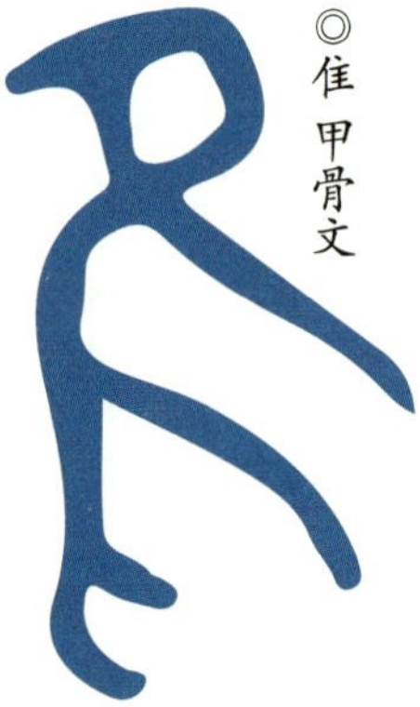

◎隹 甲骨文

雀

自古以来，最常为人们所见的佳，是『雀』。它们往往有玲珑小巧的体型和清脆动听的鸣声。

“雀”的含义

◎楷书

“雀”的楷书简体字形，看起来上面好像是一个“少”字，下面是一竖、一点、四横、一竖所组成的无名部件。定睛细看这个字，有一个清晰的字形便要显现出来——“隹”。这使人恍然大悟：原来“雀”字里的那一长撇，不是上面那个“少”字的最后一

◎甲骨文

◎小篆

◎隶书

撇，而是下面这个“隹”字的起笔一撇。这样，整个字就被重新拆解开了——上“小”下“隹”。

这个结构也正是自其甲骨文承袭而来。上下两部分就合而会意“小隹”，也即小鸟。这个字形简单易懂，保留了几千年都没多大变化。

《说文解字》对其解释得最为精确可爱："雀，依人小鸟也。"雀，多栖于有人类活动的地方，这样也更容易找到吃食，所以这一类小鸟就被称为"依人小鸟"。像麻雀、黄雀、云雀、燕雀这些叫作"雀"的鸟，最大的共同特点就是体型小。

《史记·陈涉世家》中讲道，陈胜曾对同他一起耕地干活的同伴说，要是咱们谁以后发达了，不要忘记了大伙儿。这话招来了同伴的嘲笑：你一个受雇耕地的苦劳力，哪来的富贵命。陈胜听后叹息了一句："燕雀安知鸿鹄之志哉！"意即燕雀怎么会懂得天鹅的志向。这是以小大两种体型的鸟的对比，来喻指平庸之辈与志存高远者的差距。陈胜后来没有愧对自己喊出的这句话，他带领九百多戍卒，在大泽乡发动了中国历史上第一次大规模的农民起义，揭开了反对秦朝残暴统治的序幕。

不过事情也要辩证地来看，小鸟也未必可以小瞧。俗话说"麻雀虽小，五脏俱全"，小归小，但人家也是肝、心、脾、肺、肾样样都有，有自己完整的生命系统。

以“雀”言称的“小鸟”也并非没有另类，比如孔雀，它的体型就着实不算小。“孔雀”不小，因何称“雀”？这是因为“孔”在古汉语中有大、美的含义：孔雀头上有冠，自古以有冠者为大；孔雀彩羽华丽，有夺目之嘉美。“孔雀”之所以不直接以“大”名之，是因为其尚且不能算“大鸟”。

在中国古典文化中，“大鸟”一词往往是有特指的，通常指体型及神通超出人们想象的神鸟。比如，传说当其飞过之时，翅膀就会扇起大风的凤凰，是大鸟；由北冥之鱼

神鲲所化，在李白笔下有“大鹏一日同风起，扶摇直上九万里”之势的鹏鸟，是大鸟；屈原《天问》中“大鸟何鸣”的太阳神鸟金乌，是大鸟。尤其是想到作为“四象”之一的南方朱雀也以“雀”为名，孔雀虽大且美，毕竟人间可见，称其为“雀”，便实在算不得委屈了。

黄雀衔环

有关“雀”的故事很多，广为人知的是“螳螂捕蝉，黄雀在后”，用来讽刺和警告那些急功近利、见识短浅、不顾身后祸患的人，有时也用来表达等待时机从后方或者暗处袭击的计谋。就体型与战力而言，螳螂之于蝉是大者，之于黄雀则又为小者；黄雀之于持弹之人是小者，之于飞虫之类又为大者。其小与其大，要就不同的体系而言。小者未必小，无物恒为小。

还有一个故事，讲述了小鸟雀的大诚心。传说后汉时，有一个名为杨宝的孩童，在华阴山北面见一黄雀被猫头鹰抓伤，掉落树下被蚂蚁围困。善良的

◎金文

杨宝把它救回家，放在小箱子里以黄花喂养。经过一百余日的悉心照料，小黄雀伤渐痊愈，羽翼长齐，杨宝见它能飞便将它放归了。当天夜里，有一个自称西王母使者的黄衣童子，称黄雀是其所幻化，特地前来感谢杨宝的救命之恩，并送给他四枚洁白的玉环，留下几句祝福语："今赠白环四枚，令君子孙洁白，位登三公，一如此环。"这是说，祝愿你的子孙后代也能像你一样，拥有这白玉环一般的高洁品格，并官至三公，造福百姓。

在这个温暖的故事中，杨宝象征着积善余庆的善人，黄雀象征着知恩图报的良知，白玉环象征着玲珑如玉的君子品质。这便是"黄雀衔环"的典故。与此黄雀齐名的，还有一条衔明珠以报恩隋侯的大蛇。两则意旨相近之典又组成一个新的成语——"蛇雀之报"，千百年来一直温暖着那些行善与知恩的心。

良乎之大，由小成之。雀固然小，然其所象征的天赐良知，甚大。君子有孚，知微知彰，寓大于小，独观"天下莫大于秋毫之末，而泰山为小"。

雇

『雀』之依人，大体而言是要享受农田、人烟的便利，而另有一类常年登门临户的鸟，它们不仅不是为图人恩惠，反倒像是前来为人劳作。描述这种鸟的字，是『雇』。

“雇”的本义

“雇”的甲骨文，上面是一个“隹”字，即鸟；下面是一个“户”字，即以单扇门板的形象来表示人家。两部分合而会意：有鸟登门临户，飞来人家。后来，“隹”字写在了“户”之下，字形一直沿用至今。

◎甲骨文

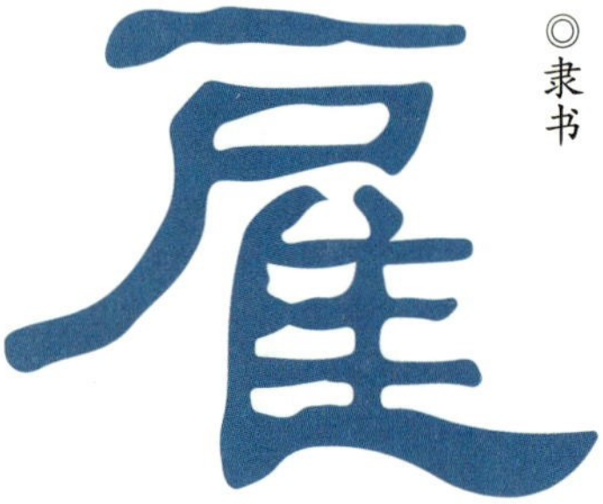
◎隶书

◎甲骨文

那么这种会飞到人家门前的是什么鸟呢？如果你出生在城市，那这个问题恐怕很难答得上来。从前，每当冬天渐渐过去，在乡下生活的农人们总能听到布谷鸟悠扬的叫声，这时人们就知道，春天来了，播种的时节就要来了。这样，布谷鸟的叫声仿佛是一种对春耕时节到来的提醒，催促着人们早起务农不偷懒。因此人们把这一类的鸟称为“农桑候鸟”，而“雇”字所描述的，正是这种知时节、通人情、爱操心的鸟。它们会在各种农耕时节到来时，准时飞抵家家户户的门前。在表达这项本义的时候，雇这个字念作“hù”。

功夫不负有心人，也不会负了有心鸟，操心的鸟儿也自有它的福报。说起来很难让人相信，这种叫作“雇”的鸟，爱管农家闲事到一定境界后，还被提拔做了“官”。传说，黄帝之子，也即“三皇五帝”之一的西方天帝少昊，他所统领的国家，就是以鸟类来命名文武百官，而其中掌管农业的官职，就被命名为九种雇鸟的名字，因此总称为“九雇（扈）”，而且不同官职都各有分工，每种分工又都是依据相应雇鸟的习性特点。比如，叫“鳻盾”的负责耕种，叫“窃玄”的负责锄草，叫“窃蓝”的负责收成，叫“窃黄”的负责仓储，等等。

柳宗元在《春怀故园》中就提到了这群扈鸟：“九扈鸣已晚，楚乡农事春。悠悠故池水，空待灌园人。”这是说，春耕的时节早已到来，故乡的扈鸟们应该啼叫很久了，而老家那悠悠的池水，仍然空空地等着灌园的人来。这里的“九扈”即“九雇”，就指九种农桑候鸟。他用几句关于故乡农事的平

◎小篆

◎楷书

淡之言，说出了自己对半世漂泊、名利官场的疲倦，对归还故乡、重返田园的向往以及求而不得的惆怅。

“雇”的引申义

因为雇鸟勤恳敬业，且是登门上户地前来工作，正像是人们家里花钱请来的工人一样，所以“雇”又引申为雇佣，表达这个意义时读作“gù”，构词如“雇车”“雇船”“雇募”。白居易有诗云：“月俸百千官二品，朝廷雇我作闲人。”[1]这是他自我调侃，说自己当着二品的官员，一个月拿着不少的俸禄，朝廷只是花了这些钱雇了一个闲人来当差。

当这种含义成为“雇”字最常见的用法之后，为了不至于混淆含义，农桑候鸟提醒时令之事，便另外借用了“扈”字来表示了，改称“扈鸟”“九扈”。借“扈”为用，是因其有侍从、仆隶之义，又有保护、顾爱之义，与雇鸟依人而益人之性相匹配。

◎雁 小篆

另一种候鸟——“雁”

古人以候鸟为通人性之禽。“雇”是如此，“雁”亦如是。“雁”字的字形由三部分构成：代表山崖的“厂”，代表人形或人性的“亻”，以及代表鸟类

---

[1] 出自白居易的《从同州刺史改授太子少傅分司》。

的“隹”。三者合而会意：可以高飞攀栖于崖岩之上，飞行时阵列为“人”字之形的雁形目鸟，如天鹅、大雁一类的大型候鸟。

雁群有上下分工，知团结协作，年轻力壮者多施劳力，衰老弱小者被雁群爱护，似通于人伦，有礼教之象。雁群春来北上，秋来南归，知时令，遵节序，有守信之德。因此，古人以“雁”为秩序与德礼的象征，相互拜访时常常以雁作为表诚、问候的见面礼物。此外，大雁伴侣终生不换，用情专一，因而还被视为忠贞之爱的象征。

◎雇 楷书

雇鸟如约，严守时节，像是在执行一个古老的指令。其实，不只雇鸟如此，世间种种生灵，有多少神秘的禀赋，就有多少天生的使命。君子有孚，恪尽职守，似雇鸟如约，人不知而不愠，宠辱不为所惊，皆因自知天有降任于此身。

只双

既见其物，应知其数。千千佳鸟之数，始于『只』『双』二字。

◎甲骨文

“只”的含义

隻 ◎楷书繁体

只 ◎楷书简体

“只”的楷书繁体字形“隻”是自其甲骨文沿袭而来，上面是“隹”，即一只鸟，下面是“又”，即人手。这让人一看就能明白：手抓一鸟。手的形象，在这个字里起了情境限定的作用，是为强调鸟的数量，以区别于“隹”字所指的鸟之物类。因此“隻”的本义即一鸟，《说文解字》解释为：

◎金文

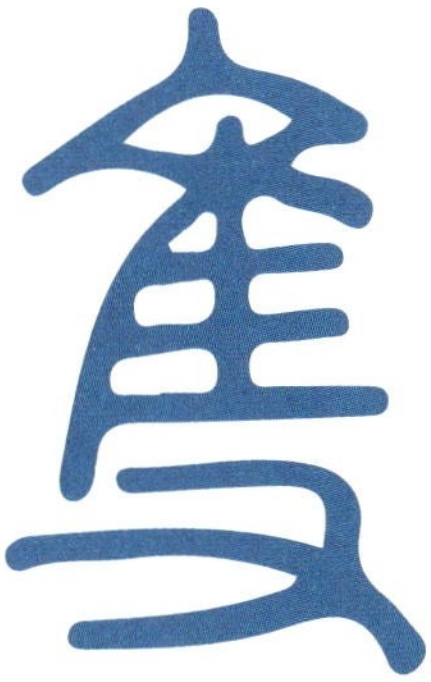

◎小篆

“隻，鸟一枚也。”这个手抓一鸟的简明构造，并未能保留到最后，后来，人们将其简化为“只”。

由一鸟的本义，“只”就引申为单独一个的或极少数量的，构词如“形单影只”“只言片语”“只字片纸”“匹马只轮”。李益有诗云：“莫遣只轮归海窟，仍留一箭射天山。”意即，要全歼敌人，不能让一个敌人逃跑，还应留下驻守，让敌人不敢再来侵犯。“只”继续引用，用为量词，则渐渐不限于对禽鸟的计数了，比如“一只老虎”“一只羊”。

◎隶书

“双”的含义

◎战国文字

与“只”含义紧密相关的是“双”，它最早出现于战国文字，是在“只”的字形基础上再加一个“隹”。“只”既然表示一鸟，“双”自然就表示二鸟、一对鸟，但它最终被简化为“双”，是

◎楷书繁体

◎楷书简体

以两只手替换下了两只鸟。人皆生有两手，或许比隹鸟成双更理所当然一些，因此这一改动并不算草率。

晏几道有词云：“去年春恨却来时。落花人独立，微雨燕双飞。”意即，离别的相思、遗憾涌上心头时，人在落花中幽幽独立，燕子在细雨中成双飞去。

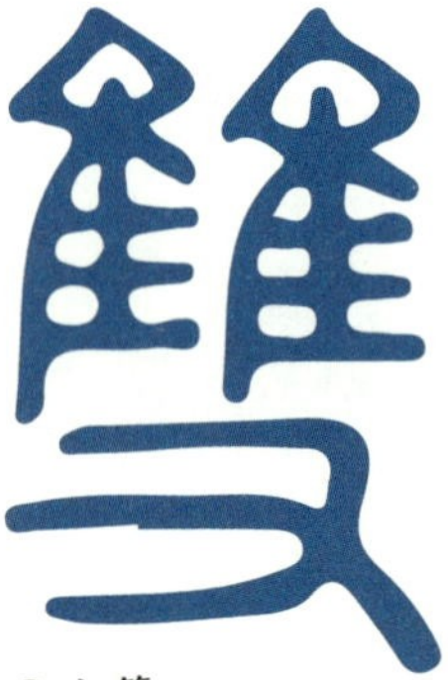

◎小篆

由成对的鸟，“双”就引申为两个、一对，构词如“双手”“双目”“双休”“双关”。两件喜事一起发生叫“双喜临门”，文武两样都行叫“文武双全”。七夕是阴历七月初七，因此古时这天也称“双夕”或“双七”。

◎隶书

汉乐府诗《饮马长城窟行》中有：“客从远方来，遗我双鲤鱼。”意即有位远方的客人送来一对“鲤鱼”。此“鲤鱼”并非真从水中捉获的鲤鱼，而是一对鲤鱼形状的用来装信的竹板。为使信件不在传送过程中损毁，古人常把书信夹在两片竹木板中，而这种竹木板又往往刻成鲤鱼形，因而称“双鲤鱼”。“鲤鱼”信封中装的什么信呢？诗里继续讲述，这信是远行在外的丈夫托人带给妻子的，内容十分简单：“上言加餐食，下言长相忆。”信中只说了两件事：第一件是，你吃饭多吃点儿；第二件是，我一直在想念你。两千年过去了，今天人们跟思念的亲人相互问候时，最重要的几句话，大抵还是这样。后来，“双鲤”，或其另一个别称“鱼书”，就成了书信的代名词。刘禹锡送别友人时曾言：“洛苑鱼书至，江村雁户归。相思望淮水，双鲤不应稀。”[1] 此“双鲤”，携带着真情，游走于万古长河。

凡物成双则不孤，因此“双”还引申为匹配、匹敌等含义。《史记·淮阴侯列传》中有：“至如信者，国士无双。”这是萧何对刘邦力荐韩信，称其为国中无人

1 出自刘禹锡的《洛中送崔司业使君扶侍赴唐州》。

能比的才士。后来，人们常以“双数”来指称二的倍数，即偶数，并相应地将奇数叫作“单数”。

形单影只，未必是鸟儿的孤独，也许是君子的独立；成双成对，不仅是鸟儿的相伴，还有君子的相应。君子有孚，内求自省，方能明德；志趣相投，和而不同。

集

对于喜欢群居的鸟类而言，只不若双，双不如众。众鸟聚合成群，动止不离，可以协同照应，互护周全。有一个属于群鸟之画像的字，是『集』。

“集”的本义

“集”的含义被简单明了地写在了字形里——上面一个表示鸟的“隹”，下面一个表示树的“木”，合而会意：鸟停在树上。

◎甲骨文

◎金文

这个字从甲骨文起就是如此构形，金文较甲骨文变化不大，但有意思的是，有的金文字形会在“木”上写三个“隹”，构形为“雧”。古人在描述一件东西数量很多的时候，常会把一个字写三遍。比如三“木”为“森”、三“人”成“众”。同样，三“隹”在“木”上的字形，就不仅仅指三只鸟停在

◎金文

◎金文

◎小篆

树上，而是代表一群鸟停在树上。最终，“集”被定为规范字，而树上这只鸟也就成了千古鸟群的代表。

“集”的本义即鸟停于树，是古人所云“良禽择木而栖”的写照。宋玉《九辩》中有：“众鸟皆有所登栖兮，凤独遑遑而无所集。”这是说，众鸟都有栖息的窝啊，唯独凤凰难以找到落定、安身的树木。

范仲淹《岳阳楼记》中有：“沙鸥翔集，锦鳞游泳，岸芷汀兰，郁郁青青。”意即沙洲上的鸥鸟时而飞翔，时而停落，美丽的鱼儿时而游在水面，时而潜入水中，岸边的香草，小洲上的兰花，青翠而又芬芳。句中的“集”也用了鸟停于树的本义。

“集”的引申义

由鸟停于树，“集”引申为人到某处停留和安定下来。屈原《离骚》中有：“欲远集而无所止兮，聊浮游以逍遥。”这是说，想要到远方停留却又无处安居，只好四处游荡。《国语·晋语二》中有：“人皆集于苑，己独集于枯。”意思是，人选择阵营就像鸟选择树木一样，有些鸟栖息于茂盛的树木之上，有些鸟则栖息于枯树之上。这两句话后来演化为成语“集苑集枯”，用来比喻人的志趣、选择和趋向各有不同。

无论是从生活经验上，还是从金文字形“雧”当中，我们都能知道鸟往往是成群结队地聚集到一棵树上的，所以，“集”又自然引申为聚合、汇聚到一处，就有了“集合”“集聚”，这是“集”字如今最常见的用法。王羲之《兰亭集序》中有：“群贤毕至，少长咸集。”意即众多贤才都到场了，老老少少都汇聚此处。“集思广益”，就是聚合、集中群众的思想智慧，广泛吸收有益的意见。

如果将这种含义的“集”转用作名词，就指某一类人或事物聚合一处形成的整体，即“集合”或“集体”。诗文放到一起整理成册叫作“诗集”，商品聚合一处形成的买卖场所叫作“市集”。

◎金文

◎金文

古人云：“己欲立而立人，己欲达而达人。”又云：“穷则独善其身，达则兼济天下。”集为群之象，是由私而至公，是出小我而入大我。君子有孚，以自修身德为基，以合群济众为务。

进

飞鸟不可久『集』一处停栖不动，必然择时而『进』。

◎甲骨文

“进”的本义

“进”的甲骨文，上面是一只鸟，下面是人的一只脚。金文以后另加了表示道路的“彳”，其与“止”渐渐组合简化为“辶”，因此，“进”的楷书繁体定形为“進”，在楷书简体字形中，又以声符“井”替换了“隹”，鸟儿的身影终于消失不见。

◎楷书简体

无论是“止”还是“辶”，与“隹”相结合，显然都是在描述鸟儿走动的状态。这种状态有什么显著特征吗？有，那就是鸟足行动只会向前，不会向后，因此“进”字的本义是向前行动。

◎金文

◎楷书繁体

◎小篆

字义虽然简单，却展现出古人对世界的洞察：他们几千年前观察、总结到的鸟足只向前不向后的特点，我们今天都未必想得到。若非上古时期人们与山水草木、飞禽走兽、风雨星辰、天地万象之间，都有最朴素和最直接的关联，是不能有这般灵感与创造的。

“进”字用作本义的例子很多，比如“前进”“进取”“进步”“循序渐进”“知难而进”“突飞猛进”。此时“进”与“退”是一对反义词。“逆水行舟，不进则退”，意即顶着水流行驶的船只，如果不能克服水流往前，就得随着水流往后了，比喻不努力进步就将面临退步，没有绝对静止的中间状态。

“进”的引申义

由像鸟儿一样前行、前进的本义出发，“进”慢慢引申出了另外两种含义：一种是入，一种是上。这是什么缘故呢？因为往前行，与往里行、往上行，有一种在空间上的相似，都代表一种有目的的进展。

“进”有“入”的意思，也就是从外到里。比如人们说“走进大门”“住进新房”“跳进黄河洗不清”，这里的“进”字表达的都是一种空间上从外到里的进入。当我们说“进货”“进账”“日进斗金”“招财进宝”时，这是指一种买入和收入，是金钱、财产方面的由外到里，因而也能叫作“进”。此外，饮食之事，对于人体而言，也是一种从外到里的进入，所以古人讲吃饭叫“进食”，说人十分固执听不进意见叫“油盐不进”，李白劝人喝酒说的是“将进酒，杯莫停”。

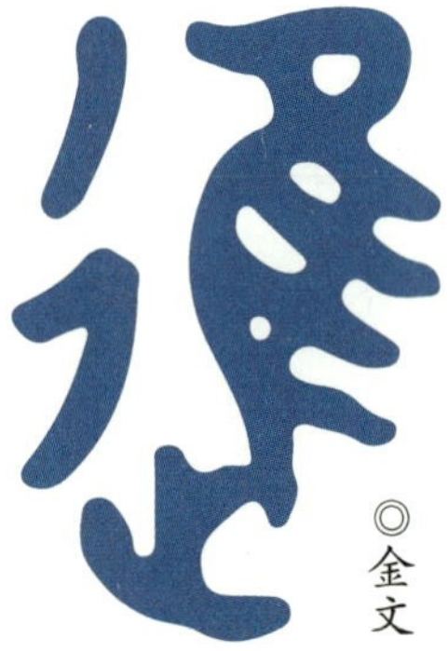

◎金文

“进”还有“上”的意思，而这种上下，多以人的地位高低为坐标。“进贡”“进献”，就是给高位者呈献；“选贤进能”，就是选拔和向上级推荐有才德的人。诸葛亮《出师表》中有：“至于斟酌损益，进尽忠言，则攸之、祎、允之任也。”这是说，至于斟酌情理和利弊，毫无保留地进献忠言，那是郭攸之、费祎、董允的责任。

◎隶书

逆水行舟，不进则退。

范仲淹《岳阳楼记》中有：“居庙堂之高则忧其民，处江湖之远则忧其君。是进亦忧，退亦忧。”意思是，在朝廷上做官时，就为百姓担忧；在江湖上不做官时，就为国君担忧。他进也忧虑，退也忧愁。这里的“进”是指做官、在上位。

既有“集”之合群与共，便是时候思考体制构建履职进位之事了。君子有孚，志在经纶，进贤任能，各尽其职，方有邦国天下之利。

霍

前进的飞鸟，时而会忽闻雷声大作，阵雨将临。形容这种场景的字，是『霍』。

◎甲骨文

“霍”的本义

“霍”字，写作上面一个“⻗”，下面一个“隹”，这个构形源自其甲骨文、金文：上有云层铺空，下有雨水滴落，而一只鸟正身处这雨水当中，显然这只鸟已经在淋雨了。试想，这只淋雨的鸟此时该如何行动呢？

◎甲骨文

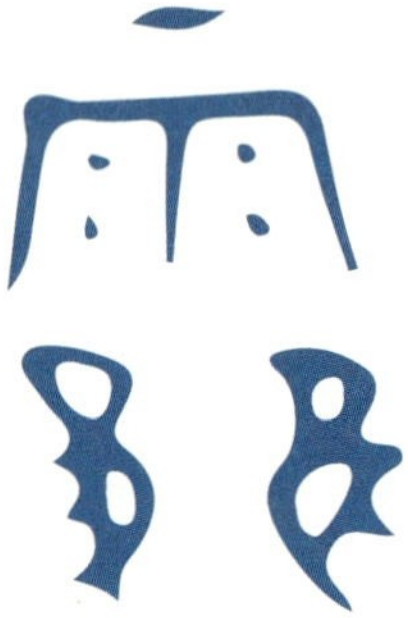
◎金文

若是人在雨中而无雨具，定然奔跑躲雨，避之不及。换位思考，鸟也不想雨水浇身，自然也知道要快快飞行，找寻荫蔽之所。因此“霍”字所描述的，就是鸟在雨中快飞的场景。有的甲骨文或金文，还将雨中的隹鸟画成两只或三只，示意群鸟避雨疾飞。这让人联想起——夏日晴空，忽然风雷大作，雨点如豆，坠地成斑，入水为澜。人们叫喊着慌乱躲雨，又或有孩童兴奋欢闹地叫喊；低空中时有飞鸟振翅的声响，遁入远处雾罩墨染的林山之中。

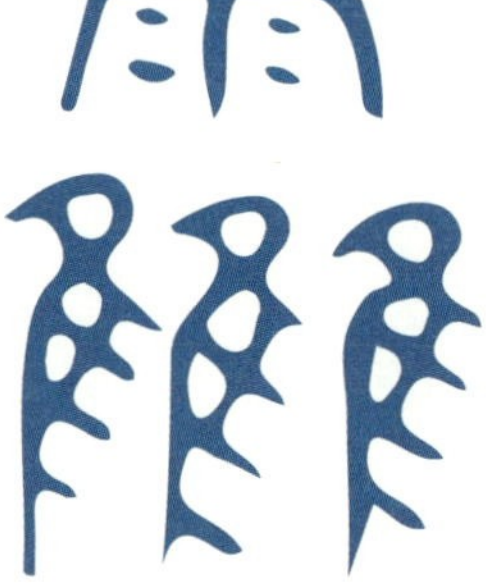
◎金文

“霍”的引申义

群鸟疾飞，最突出一个“快”字。细分之，“霍”则引申为三种快：快的动作、快的声音和快的变化。

雷雨之中，有飞鸟振翅之快，因此“霍”可指快的动作，构词如“挥霍”。这个词最早出现在张衡的《西京赋》中：“跳丸剑之挥霍，走索上而相逢。”“丸剑”是指古代弄丸、跳剑的一种杂技，句中“挥霍”所言的则是完成这种高难度动作需要反应很快。如今人们将它的含义引申用在“挥霍钱财”“挥霍无度”等词中，表示花钱很快，快到没有节制；用于“挥霍光阴”“挥霍青春”等词中，表达时间花得快，即不惜时、浪费光阴。

◎楷书

◎隶书

◎小篆

飞鸟振翅快而发出声响，因此“霍”除了表示动作很快之外，还可指快的声音，构词为“霍霍”。《木兰诗》中有：“爷娘闻女来，出郭相扶将；阿姊闻妹来，当户理红妆；小弟闻姊来，磨刀霍霍向猪羊。”这是说，替父从军的花木兰立下战功归来，爹娘听说了，互相搀扶着要出城迎接；姐姐知道了，朝着门就梳妆打扮起来；最可爱的是小弟，消息一传来，兴奋地抄起菜刀就快快磨了起来，准备杀猪宰羊做好菜，庆贺姐姐平安归来。“磨刀霍霍”，就是快速磨刀时发出了频频声响。

雷雨忽作，鸟飞不见，景况瞬改，因此“霍”还可指快的变化，构词为“霍然”。比如杨万里写云：“霍然散作千村雾，远处昏来近处昏。”意思是，盘桓聚拢于山头的云气，顷刻间散作千村万落的雾霭，让远处近处都昏暗了下来；再比如苏轼写雪：“霍然一挥遍九野，吁此权柄谁执持。”这是说，不知是哪位仙灵把手中权杖一挥，雪就一瞬间飘落在茫茫天地之间。此外，某人生病很快康复了，可以说“霍然而愈”。

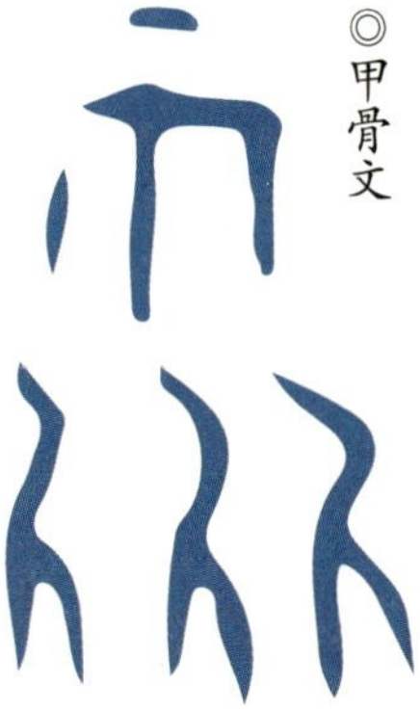
◎甲骨文

天高虽任鸟飞，却时有雷雨之危。古人云：“知者避危于无形。”君子有孚，见微知著，趋吉避凶，敏锐应变，不使险难加身。

◎甲骨文

焦

纵使能置身高空、飞身行远，鸟亦有其忧患。上既有雷雨之危，下还有山火之难。将佳上云雨改为烈火在下，这就成了『焦』字。

“焦”的本义

◎甲骨文

“焦”字的甲骨文，画的是一只飞鸟之下有熊熊烈火。后来，上面这只鸟就定形写为“隹”，下面的烈焰就定形写为“火”，后又演变成了四个方向各异的点画，通常称为“四点底”或“四点水”。与“集”“霍”等相似，“焦”也曾有以“雥”代“隹”的构形，这更突出了鸟群为烈火所伤的含义。

◎金文

◎隶书

◎小篆

◎楷书

“火”与“灬”

“灬”原是“火”字变形而来，因此与其称它为“四点水”，倒不如称它为“四点火”来得准确。不光是“焦”字中的“灬”是火，大多数汉字里的“灬”都是火——“热”为火之温，“烈”为火势猛，“照”为火之明；“蒸”菜“煮”饭，“烹”饪“熟”食，“煎”汤“熬”药，都要用火而为。

如果想到“大羿射日”的传说，“焦”字的本义似还有另一种解释——天上原有轮流值日的十个太阳，分别为十只金乌所化，某日，十只金乌打破规矩同时升空，炙烤得大地如火海。《淮南子·本经训》中有：“逮至尧之时，十日并出。焦禾稼，杀草木，而民无所食。”这是说，炽烈的十日之光烤焦了庄稼，草木枯死，百姓无粮可吃。由之反观“焦”之古字，上面的鸟形似金乌神鸟之象，而其下的烈火，则正是大地灼烧、禾木涂炭的写照。至于以“雥”代“隹”的构形，则似还原了众日在天之状。此外，相传上古有神鸟名为“焦明”，为南方之神鸟，其名有“焦”，也因南方主火而神鸟火焰盛烈明炽。

·

山火伤群鸟，或金乌神鸟“焦禾稼，杀草木”，无论哪个是“焦”造字时的所取之象，都不妨碍其根本表意：有物为火所伤毁。

杜牧《阿房宫赋》中有：“楚人一炬，可怜焦土。”意即项羽放了一把火，就将奢华的阿房宫烧毁成一片焦土。《汉书·霍光传》中有：“今论功而请宾，曲突徙薪无恩泽，焦头烂额为上客耶？”这是说，曾有人向房子主人提议，应将其烟囱改直为曲并搬离柴火，否则容易引发火灾，但房子主人不听。不久这房子果然失火了，幸

楚人一炬，可怜焦土。

得邻里帮助才将火扑灭。主人置办酒席答谢邻里，并将被火烧伤了额头的相助者列为上宾，却唯独没请那曾于事前忠告他的人。后经人提醒，主人才幡然醒悟：能有远见，曲突徙薪，防患未然，就不至于有人“焦头烂额”了。

“焦”的引申义

◎甲骨文

水为克火之物，因此凡物为火所伤，必先失水至干燥之极。因此，“焦”引申为干燥缺水。比如，后世禾谷草木虽未像传说中有十日齐照的炙灼之灾，但缺雨干旱之时却是常有，因此有词曰“焦枯”，白居易《喜雨》中有：“顿疏万物焦枯意，定看秋郊稼穑丰。”这是说，忽然降临的滂沱大雨洗去了万物干燥枯黄的颓态，因而相信今秋又是一个丰收的年景。再如，人若心急、疲倦或多言而使口中缺少津液，则为“焦渴”，杜甫《茅屋为秋风所破歌》中有：“唇焦口燥呼不得，归来倚杖自叹息。”这是说，他屋顶的茅草被一群顽童抢去，气得

◎甲骨文

他口干舌燥又无可奈何。

“焦”字所言的干燥失水状态也并非全是不好的。比如人们在制作食物时，会有意让某些东西因干燥而变得酥脆。

此外，有情之物为火所伤，则定然心急气躁，这便有了“焦急”“焦虑”“焦心如焚”。物经火烧则其色黄黑，因而“焦”引申为黄黑色，“心悲则面焦”，脸色焦黄往往源于伤悲。物烧焦则形态收缩，如同事物向心聚拢，因此“焦”又引申为光或电子束等聚集之点，或视线、注意力集中之处，构词如“焦点”“焦距”“聚焦”。

◎隶书

◎楷书

若“霍”之暴雨及身，濡湿难堪而尚可脱困也；若“焦”之烈火加身，则身殒形灭，为时已晚。雷雨之危，需闻声敏避；火患之难，当前瞻为防。《周易》中有：“君子以思患而豫防之。”君子有孚，居安思危，防微虑远，防患于未然。

闲娱乐场所，世家子弟们在这里斗鸡、射雉，享乐无忧。再如宋代，陆游有诗云：“春郊射雉朝盘马，秋院焚香夜弄琴。”这是说，春日的白天就在郊外骑马射雉，秋天的夜晚就在院中焚香弹琴，习艺演武，趣味盎然。

《左传》中还记载了一个有趣的“射雉”典故：有位贾大夫长得很丑，却娶了个非常漂亮的妻子。贾大夫丑到什么程度呢，丑得让他这位漂亮妻子婚后三年都既不说话也不笑。转机就出现在一次“射雉”活动中，贾大夫张弓射箭，嗖的一声，就射中了一只雉鸡。妻子一看，心想这郎君丑是丑了点儿，但身手不凡啊，毕竟才华比长相更重要，因此便释怀了，开始言笑起来。这就是成语“如皋射雉”的来由，它用来形容男子以才华博得女子的欢心。苏轼有诗论此事：“向不如皋闲射雉，归来何以得卿卿。”后人就用“如皋”二字来命名当年贾大夫射雉的地方，此即今日的江苏如皋。

然而，鸟的种类之多，不可胜数，为何偏偏是它被箭穷追不舍，还刻入字中？一来，野鸡本栖身于低山丘陵、沼泽草地，本应人禽无涉，但又时常靠近农田、村庄觅食，以此却自招忧患；二来，虽然它脚力强健善于奔跑，但对于飞行之事却并不算擅长，飞不高，又飞不远，以此又极易成为众矢之的。

对古人来说，射猎雉鸡，除了知其食用价值以外，还看上了它漂亮的形象——尤其是雄性雉鸡的羽毛，华丽鲜艳，古人会将其用作饰物。杜甫有诗云："云移雉尾开宫扇，日绕龙鳞识圣颜。""雉尾扇"即以雉鸡尾羽制成的障扇，古时用于帝王仪仗，可为其遮阳避尘，又可宣示皇威。此外，雉鸡还因其美出现于中国戏曲中：在传统戏曲人物的扮相中，常见一种尺寸很长、很显眼的盔头饰品，名唤"雉尾"，也称"雉翎"或"翎子"，通常是由数根野鸡尾毛相接而成。它不仅起装饰作用，丰富人物的动作，还可以暗示、传达剧中人物的身份与情绪。

戏中有雉翎者

哪些人物扮相会带有雉翎呢？比如吕布、周瑜、穆桂英等武将，这些武将都有像雉鸡一样华美的容貌和刚烈好斗的性格；又比如草莽英雄程咬金、起义首领宋江等——因为雉鸡是在野之鸡，以其羽饰之，是为突出这些人物的山野身份。

“雉”与“隽”

如果把“雉”字里的这支箭改成一张弓，这就成了“隽”。这在其战国文字中清晰可见，且字里这张弓还是弓臂朝上、弓弦朝下的，显然正在瞄准上面这只隹。弓箭之用，总需弓与箭两全，缺一不可，所以两字所描述的场景很相似。

◎隽 战国文字

但“隽”的含义稍有不同，字形中箭不在弓上，说明已然射中，可烹饪而享野鸟之美味，因此“隽”表示用弓箭猎获肥美鸟肉。不过它如今的楷书简体字形中，部件“弓”却早已讹变成与它形近却全无意义关联的“乃”，字里的射猎之事，人们便不得而知了。

◎隽 小篆

明代施侃有诗云："忽惊门外欢声过，邻父叉鱼得隽回。"这是说，诗人差童子去买酒，可干等了半天还没来。就在这时，门口忽然传来一阵欢笑声，是谁在乐什么呢？原来是隔壁家去抓鱼的老头儿叉到大鱼回来了。鱼肉鲜美不输于鸟，因此诗人用"隽"字来言说。

由鸟肉肥美引申为诗文辞藻的意味深长，这就有了"隽永""隽语"。黄庭坚有诗云："吟哦口垂涎，嚼味有余隽。"

陆游也有：“书中至味人不知，隽永无穷胜粱肉。”诗文书法之美，比世间美食珍馐更耐人寻味。

◎隽 隶书

◎隽 楷书

此外，若以猎获之喜来比喻古人科考得中，这就有了成语“获隽公车”，意即入京会试得中。“获隽”者自然是德才超卓，因此又称人中俊杰为“隽才”。

飞鸟本应行动栖息在山林，如果停至人家的院墙，或往来于农田村庄，则难免为人所缴射，是不知界限之过；若与人遭遇而角逐，则其飞逃的本事，又远逊色于箭矢的厉害，难逃一死，是无自知之明。君子有孚，深明雉鸡之被获，实乃不知[1]之灾，因能知界守位，心怀敬畏。

◎雉 小篆

1 “知”同“智”。

罗

除了要留神忽发之箭，还要戒备早设之『罗』。尤其是对爱近人觅食的鸟雀而言，『罗』为触之难逃的陷阱。

“罗”的本义

◎隶书

“罗”字的楷书简体字形，是由“罒”和“夕”两部分构成，好像很难令人凭此想象出它与鸟有何关联。但其甲骨文却能让人一目了然，字形是一张网下有一只鸟，表示用网罩鸟不使其逃脱。到了金文，字形里又增加了丝束之形，标识网的材质。这种字形结构就一直延续下来，“网”形变为“罒”，丝束写为“糹”，鸟写为“隹”，字形就演变为“羅”。最终字的下部又用“夕”代替，完成了简化。

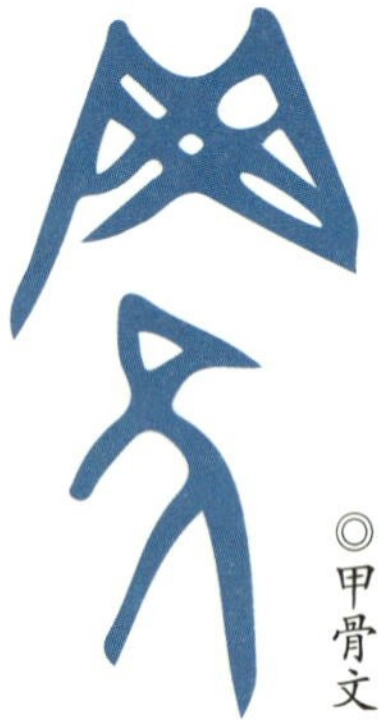
◎甲骨文

◎楷书繁体

◎楷书简体

有一个至今常用的成语——“门可罗雀”，本身就诠释着“罗”字的本义。它出自《史记·汲郑列传论》：“始翟公为廷尉，宾客阗门；及废，门外可设雀罗。”意即这位翟公当初做廷尉的时候，前来拜访的宾客络绎不绝，门前总是车水马龙。等他被罢了官以后，这些人全都消失了，家门前空旷得足以张起网来捕鸟

◎金文

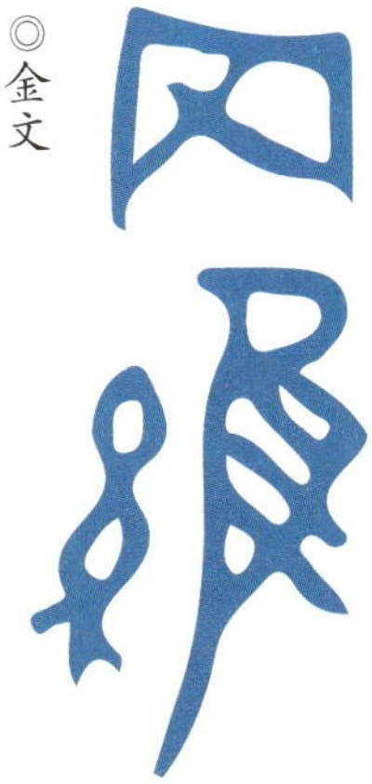

◎小篆

了。这个词后用来形容宾客变少、门庭冷落的样子，多描述为官者失势或人的事业由盛转衰的境况。

由用网捕鸟的本义，“罗”便引申为网。“天罗地网”，意即天上、地下都布下了网，让人无处可逃；“自投罗网”，意即自己跑到了网里，掉入别人的圈套。进而，与网有相似特征的一些事物也可称“罗”，比如质地稀疏轻软的丝织品，也叫作“罗”，构词如“绫罗绸缎”。晏殊有词云：“罗幕轻寒，燕子双飞去。”这里的“罗幕”即罗质的帐幕，它之所以“轻寒”，就因其如网般多孔透风。

“罗”还可以表示像以网捕鸟般地囊括或收纳事物。当人们说“网罗人才”“搜罗证据”，就是好像要用一张无形的网把人才和证据都给装进去；说某物“包罗万象”，就是将其比喻成一张大网，其中有各种各样丰富的存在。又因网在张开之时总是均匀摊开，并且其内部呈一个个网格的样子，所以“罗”还引申为陈列、分

◎罗 甲骨文

布，构词如“罗列”“星罗棋布”。陶渊明《归园田居》中有：“榆柳荫后檐，桃李罗堂前。”意思是，榆树、柳树的绿荫笼罩着房屋的后檐，桃树、李树则株株陈列在堂前的庭院。

“罗”与“毕”

与“罗”字本义相近的，还有一个“毕”字。“毕”的甲骨文字形，像一个下端有柄的网状捕猎工具，金文中又另增“田”字表示田猎之义，后经字形演变，至楷书定形为“畢”，最终简化为“毕”。

◎毕 甲骨文

◎毕 楷书繁体

◎毕 楷书简体

“毕”的本义是古时田猎时用以掩捕野禽的长柄网，与“罗”的显著区别是网柄的有无。《庄子·胠箧》中有：“夫弓、弩、毕、弋、机变之知多，则鸟乱于上矣。”这是说，人造出了弓弩、鸟网、弋箭、机关之类的猎具，而使得禽鸟被搅扰天性，乱飞于空中。如果引

申为动词，“毕”则表示用网猎取。《诗经·小雅·鸳鸯》中有：“鸳鸯于飞，毕之罗之。君子万年，福禄宜之。”意思是，成双飞翔的鸳鸯，会被有柄的“毕网”与无柄的“罗网”所捕捉。君子美好而长久的一生，则会在福禄双全中度过。

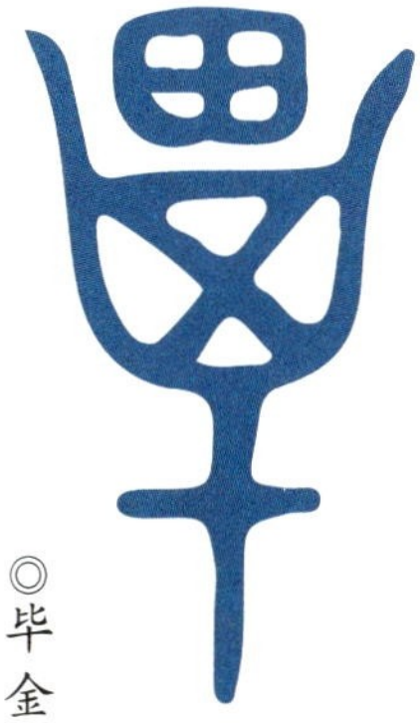

◎毕 金文

星空之上还有以“毕”命名的星宿，即西方白虎七宿的第五宿。之所以用“毕”来命名，是因此宿所含八星的布列之形，恰似一张“毕网”。《史记·天官书》中有：“毕曰罕车，为边兵，主弋猎。”意即毕宿又名为“罕车”，象征边境军队，主占卜弋猎等事。除此之外，毕宿还主雨，古人以月亮经过毕宿为雨多之象。《诗经·小雅·渐渐之石》中有：“月离于毕，俾滂沱矣。”意即月亮投入毕宿之网，行将降下滂沱大雨。

◎毕 小篆

◎罗 隶书

由于猎取之事以网获为终，因此“毕”又引申为完结、终了、竭尽、全部等含义，构词如“完毕”“毕竟”“毕力平险”“群贤毕至”。

◎毕 隶书

◎罗 楷书

老子云：“天网恢恢，疏而不失。”天地不见绳结，却暗中织起经纬之网，星辰山川依其布列，万物因之井然有序。君子有孚，动不越规，行不逾矩，慎行克己，方成自由。

罹

对于人类所张起的罗网不生警惕，涉危履险而浑然不觉，久之，飞鸟被困便成必然。讲述被困飞鸟忧心忡忡之处境的字，是『罹』。

“罹”的本义

◎小篆

“罹”字与“罗”之楷书繁体“羅”构形相近：只要把“羅”之左下部分的丝束换成一颗心，就成了“罹”。因此，“罗”“罹”两字之间是同源关系。

◎隶书

◎楷书

一张网、一只鸟和一颗心组合一处，“罹”字就表示：心如飞鸟落网。人虽并不能与鸟同言，却能共情于其被困的处境，囚于罗网，插翅难飞，有情之物皆爱自由，不能不忧心忡忡。因此，“罹”的本义即忧心之困。

《诗经·王风·兔爰》中有：“我生之初，尚无为；我生之后，逢此百罹。”这是说，在我刚出生的时候，世间还没有战乱和徭役；而在我长大成人以后，竟遭逢这种种忧患。由于“罹”字之中包含的罗网之象，因此相较于一般的困境，它更强调无从逃避、脱身的深刻艰险，比如重疾灾祸、战乱危难。

“罒”者“网”也

楷书合体字中的“罒”，往往是由“网”字变形而来，可称“网字头”，“罹”“罗”即是两例。包含“罒”的字，字义大都与网相关。例如，笼罩之“罩”，本为捕鱼鸟的似网之器，引申为覆盖、遮蔽；羁绊之“羁”，本为挽马用的马笼头，引申为拘系、束缚；犯罪之“罪”，本义为触犯法网的行为，引申为过失、错误；惩罚之“罚”，指触犯法网之罪行，应受谴责、惩戒；放置之“置”，本义为赦罪于法网之外，引申为安放；罢免之“罢”，本义为触法网之能士将被解除官职，引申为结束、休止。

◎隶书

◎楷书

“罹”的引申义

由忧心之困，“罹”引申用为动词，表示遭遇，构词如“罹难”“罹祸”“罹患”。《菜根谭·概论》中有：“鱼网之设，鸿则罹其中；螳螂之贪，雀又乘其后。”意思是，渔网本为捕鱼而设，不料鸿雁遭困其中；螳螂贪吃眼前的蝉，不料背后已有黄雀伺机偷袭——机关算尽却输于变数，唯有克己慎独，才能免于灾殃。白居易有诗云：“城城门失火，殃及池鱼。

门自焚爇，池鱼罹其殃。”这是化用了“城门失火，殃及池鱼”之典，意即城门着火需取护城河水灭火，若是取水过多，护城河里的鱼也就要干死遭殃了——池鱼罹殃，是受牵连之灾。

“罹”与“离”

还有一个与“罹”同音近义的字，是“离”。“离”的楷书繁体写作“離”，本也是以“隹”为部首的字。它的甲骨文字形，画的是一只鸟落在了一张有柄之网中。后来，鸟与捕鸟之网的形象各自

◎离 甲骨文

◎离 隶书

◎离 楷书

演变，并改上下结构为左右结构，字形就定为“離”，最终又简化为“离”。“离”的本义即鸟遭网罗被困，与“罹”之本义相当。

《周易》中有：“弗遇过之，飞鸟离之，凶，是谓灾眚。”这是说，人若骄矜在上，不知谦下，不近人情，犹如鸟一味飞高而不知所止，不能安然返下栖身，迟早要遭

◎离 甲骨文

遇被网罗捕捉的灾祸。再如《诗经·王风·兔爰》中有："有兔爰爰，雉离于罗。"这是说，野兔逍遥自在，而野鸡落网被困。从前猎人于山林中张网捕鸟，最常捕获的是黄莺，因为其被驱赶之时，不径直朝上高飞，而常向深林飞去，故而误入预设的罗网，所以黄莺又名"离黄"，后更名为"黄鹂"。

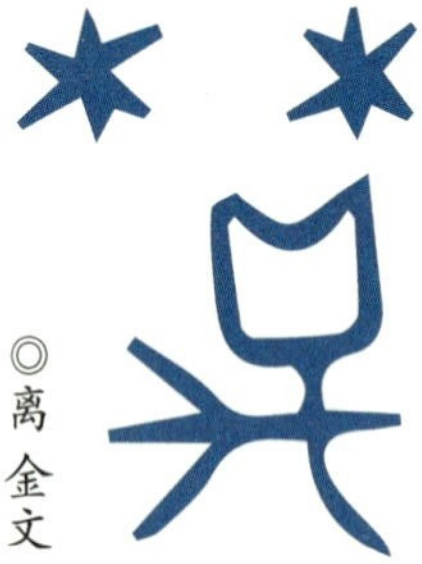

◎离 金文

◎离 小篆

鸟遭遇罗网被困，被迫与群鸟分别，因此"离"又引申为分别，构词如"离开""离别"；再引申为分散、相距、违背、挑拨等含义，这就有了"离析""距离""背离""离间"。

若是不能克慎身行，则迟早有落网困陷之虞，正是飞鸟罹罗之象。君子有孚，戒骄戒躁，常思律例，心怀敬畏。古人云："如临深渊，如履薄冰。"

◎罹 小篆

奋

飞鸟罹于罗网，却不会坐以待毙、任人宰割。所谓『困兽犹斗』，其必求生思存，竭力挣扎出困、飞还青天。佳鸟此时之所为，古人以『奋』名之。

“奋”的本义

◎楷书繁体

◎楷书简体

楷书简体“奋”之中并无隹的身影，但其却存在于楷书繁体“奮”之中。这个字形是自其金文演变而来：最外面是一个“衣”，即一件古代上衣的样子，衣领、衣衽和衣袖都清晰可见；在这件上衣的内部又有上下排列的两个字，上面一个“隹”字表示鸟，下面一个“田”字表示田野。这

◎隶书

◎小篆

◎金文

显然是在描述：田野之上有鸟被人衣遮罩。鸟儿这时会怎样呢？必定会努力地振动翅膀，想要挣脱人衣起飞。因此“奋”字的本义即被困之鸟振翅飞翔。由于“罗”“罹”等字都以网言说鸟被困，所以此字未再重复网的意象而代之以“衣”，由被困转而言说脱困之事——衣毕竟不像网，于此似在言说被困之鸟仍有生机，未入绝境。

《诗经·邶风·柏舟》中有："静言思之，不能奋飞。"意即忍辱含垢的诗人难以摆脱困境，不能像鸟儿那样振翅高飞。《古诗十九首·西北有高楼》中有："不惜歌者苦，但伤知音稀。愿为双鸿鹄，奋翅起高飞。"这是说，比楼上的弦歌声更悲伤的，是知音难求的苦闷。愿我们双双化作鸿鹄振翅高飞于云天。

◎金文

"奋"的引申义

由被困之鸟的振翅，"奋"可引申为广泛事物的振动、挥舞、举起或震颤，构词如"奋笔疾书""奋袂而起""奋臂一呼"。"弹筝奋逸响，新声妙入神"[1]，这是琴弦之振动；"艰难奋长戟，万古用一夫"[2]，这是对兵器的挥舞；"奋袖出臂，两股战战"，这是衣袖的挥动。

◎楷书

除了这些具象事物的振动，"奋"还可以指人的精神状态、情绪信念方面的振作，构词如"振奋""奋发""勤奋""奋不顾身"。《诗经·大雅·常武》中有："王奋厥武，如震如

1 出自《古诗十九首·今日良宴会》。

2 出自杜甫的《潼关吏》。

怒。”意即周王振作军威兴师用武，其势恢宏如雷霆震怒。再如，“振奋人心”，就是使人心从平静变为振动鼓舞的状态；“奋发有为”，就是振作精神发起行动，力图有所作为。

◎金文 ◎楷书 ◎草书

隹被困于衣下，必振翅欲飞，身陷而心未死，必力求生机。君子有孚，高远其志，遭遇困境而愈发勇敢，处于险难而能临危不乱，持志振奋，自强不息。

夺

飞鸟被困而奋翅，其结局为『夺』。青天或牢笼，都在这一字的定局之中。

“夺”的本义

“夺”的金文字形，其上半部分与“奋”字几乎一致，即一只鸟被衣服遮罩的样子，但先前写于鸟身下的“田”字消失了，取而代之的是一只抓向它的“手”。字形的表意很清楚：抓取遮罩于衣下的鸟。可想而知，是鸟奋翅而出困，还是人手一把抓住飞鸟，都将在此字所定格的一刻得见分晓。因此，“夺”的本义应理解为：得失之际。

《说文解字》中有：“夺，手持隹失之也。”即把“夺”的本义理解为“丢失”，这是就鸟成功飞逃的一种结果而言的。在另一部字书《玉篇》中则有：“夺，取也。”即把“夺”的本义理解为“取得”，这是就鸟被人捉取的另一种结果而论的。

◎金文

◎小篆

◎隶书

◎楷书

“夺”的两种意义线索

从“夺，手持隹失之也”的角度来说，鸟得以脱困，于人而言则是对鸟的丧失，因此“夺”可以表示错过、丢失。《论语·子罕》中有：“三军可夺帅也，匹夫不可夺志也。”这是说，一国军队可以没有主帅的统领，一个真汉子却不可以失去他的志气。《孟子·梁惠王上》中有：“百亩之田，勿夺其时。数口之家可以无饥矣。”意思是，百亩大的田地，只要不错失耕作它的农时，一家几口人就不会挨饿了。再如，乐曲五音的杂乱不调谐，称为“夺伦”[1]；书籍文字的丢失、脱漏，称为“讹夺”；人之精气或勇气的丧失，称为“气夺”。

从“夺，取也”的角度，人抓取被困之鸟，是抢取的成功，因此“夺”可以表示抢、强取，构词如“抢夺”“夺取”。由于鸟必然奋力地挣扎，因此这种抓取总带有强行的意味，是违背对方意志的争抢与侵占。“虎口夺食”，是敢从极危险处抢取利益；“生杀予夺”，是掌握了定人生死、施

[1]《尚书·舜典》中有：“八音克谐，无相夺伦，神人以和。”这是说，八种乐器奏出的音乐相互调和而不失秩序，神与人能借此沟通达成和谐。

与、剥夺的大权；“璀璨夺目”是抢视线、抢关注；白居易有诗云：“地不知寒人要暖，少夺人衣作地衣。”这是说，地不像人一样知道冷暖，穷苦人家连衣裳都还穿不暖，剥削者却还要来抢他们用来织衣的丝线做地毯。

能抢取则为胜者，因此“夺”还引申为胜过，构词如“巧夺天工”“先声夺人”“喧宾夺主”。万楚有诗云：“眉黛夺将萱草色，红裙妒杀石榴花。”意思是，这姑娘翠美的眉色，让萱草也相形见绌；而其裙裾之红，令石榴花见了也嫉妒。

这样，在与鸟类的斗智斗勇中，古人一边用杰出的智慧与高超的本领获得了丰厚的战果，一边又将这些场景与记忆刻画在了汉字之中。直到今天，我们还能认出这只被箭追了三千年的雉鸟，还能识得那张纵横交织、疏而不漏的时光之网，还能读懂那些古老而悠长的故事。

于鸟于人，“夺”字所言的一瞬间，皆是稍纵即逝的。胜负谁家？皆判于须臾。古人云：“一鼓作气，再而衰，三而竭。”又云：“机不可失，时不再来。”君子有孚，应审时度势，时来当机立断，势成当仁不让，奋力一举，定夺乾坤。

◎草书

◎金文

◎隶书

止

一脚丈量山川

"止"字言"信"

飞鸟在云天，可以牵引人们远瞻的视线；但唯有行地的脚步，才能丈量千里山川。这就如同有了知，还得按所知的去行。古人说："非知之艰，行之惟艰。"人的知与行，就好像星辰及其在静水中的倒影，可以只见星辰不见倒影吗？若能有"孚"的至诚，天地法度与道德律令既已了然于心，还要使自己的举止身行与之相符，在其所行之中，又熔炼升华出新的真知，这就是"信"。如果能做到这样，就可称为"怀信"君子了。"怀信"者之行，古人以"止"字来言说。

止

鸟有双翅飞天，人有双足行地。人观飞鸟翱翔畅达之能，方可知足趾跋山涉水之用。君子上有良孚之心，下必有诚信之行，如此经天历地，才能合同日月之光。相应于以『隹』言飞鸟，古人以『止』言人足。

“止”的本义

◎止甲骨文

甲骨文中的“止”，是以极简的笔画描绘了一只脚的形象，更具体地说，是人站立时低头见其左脚的样子，脚趾、脚掌都分明可辨：上部是以三趾代表五趾，因古人以“三”为多；脚掌部分则上宽下窄，符合人脚的构型。

◎止金文

说“止”字表示脚，人们多少会感到陌生，但谁都知道还有另一个字表示脚，那就是“足”。“足”与“止”两字有渊源吗？不仅有，而且十分紧密。从“足”字的甲骨文、金文来看，它不仅包含了“止”的部分，还包含了表示小腿和膝盖的部分。也就是说，“止”的本义是脚，而“足”的本义是包含了脚在内的整个小腿。只是随

◎止隶书

◎止小篆

◎止楷书

着汉字不断演变，其下部的“止”字最末两笔最终变形为一撇一捺，让人难以想象其原貌。当然，在“足”字用作部首写为“⻊”时，倒是仍可辨认。类似的字还有“走”，它的下部本也是“止”，而以“走”为部首的字何其之多，由此可见“止”在汉字之中是很常用且重要的部件。

“举止”，原指抬起脚，“止”在其中便是本义，但后来这个词的含义扩展为一个人的行为举动，这就有了人们常说的“言行举止”。后来，另加“足”部而造的“趾”代替了“止”来表示脚的本义，有词曰“趾高气扬”。

◎足 甲骨文

◎足 金文

◎足 小篆

◎足 隶书

◎足 楷书

“止”的引申义

人脚用以站立，站立是静态的，“止”因此表示停住不动、静止一处。《洛神赋》中写宓妃的“进止难期，若往若还”，《长恨歌》中写玄宗车马的“翠华摇摇行复止”，都是用此义。《孔子家语》中记载了这样一个故事：孔子出行时听到路边有人悲伤哭泣，走近一看是贤人皋鱼。皋鱼向孔子悲诉自己一生的悔恨时说道：“树欲静而风不止，子欲养而亲不待也。”这是说，树想静下来，风却不会停；子女想要赡养父母，父母却已不在。孔子用这件事来教育学生，门人子弟听了以后感触颇深，多人因此辞行回家赡养双亲去了。

经典文学选集《古文观止》，其书名的含义是：看完这些古文就可以停了，言外之意是所选的文章都是力压众篇的杰出之作，不如它们的就不必看了。至于“望梅止渴”“心如止水”等诸多常用词汇，“止”在其中虽然词性有别，但核心含义也都是“停”。《道德经》中有：“知止可以不殆。”“知足不辱，知止不殆，可以长久。”

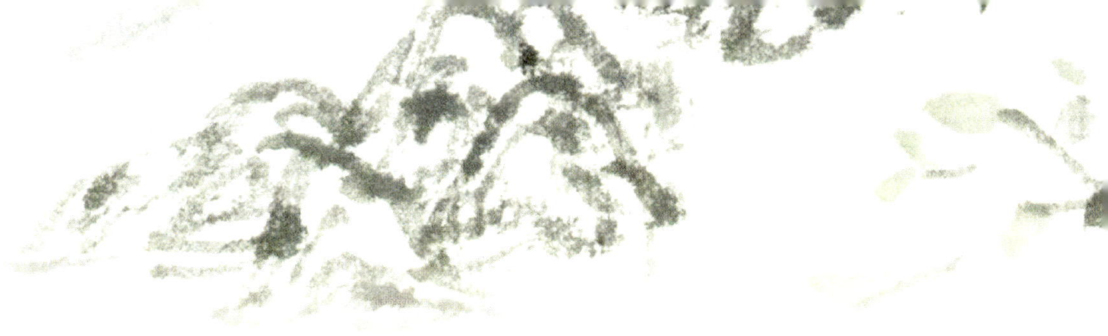

人若长久停留，就成了居住，而长久所停之处，便是人的住所。因此，“止”又引申为居住和住所。《诗经·商颂·玄鸟》中有：“邦畿千里，维民所止。”意即都邑周边千里辽阔，皆为民众居住的地方。句中的“止”为动词，意即居住；皮日休《静箴》中有：“居不必野，唯性之寂；止不必广，唯心之适。”这是说，隐逸未必非要到山野深处，只要性情足够平静寂然；住所不一定要多宽广，只要在其中能安适从容。这里的“止”为名词，意即住所。

停留在一处而不涉足其他地方，那么人之所在就只此一处。因此“止”又引申表示只、仅仅，用作副词。杜甫《无家别》中有：“近行止一身，远去终转迷。”意即征夫的家园空空，已无人可以告别，近处去只有孤身一人，远处去也将迷茫无依。此外，“止”还用于句末虚词，即以这个字来停止一个句子。《诗经·小雅·车辖》中有：“高山仰止，景行行止。”意即仰望可见高山，脚下大道通畅，这是一位新婚的郎君在路上开心吟唱。后来，司马迁又在《史记·孔子世家》中引用了这段话，用以赞美孔子：“《诗》有之：‘高山仰止，景行行止。’虽不能至，然心向往之。”这就升华了诗句的原意，意思变成了：德高如山令人仰慕钦佩，言行光明令人竞相追寻。虽然我们不能达到这般境界，但心里知道了努力的方向。

◎甲骨文

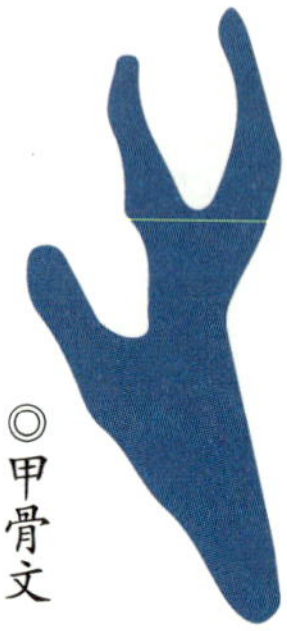
◎甲骨文

◎楷书

“止”生于下，不像五脏在内，也不像人脑在上，人有时不以为意。但无“止”就无法站立，也就无法有专而静的常态；没有“止”就无法行动，也就无法有志向的抵达。人若无信，便犹如蹇足而不能站立行远，因称“止言信”，脚踏实地，为信者之象。凡字以“止”为部件，多深涵“怀信”之劝勉。孔子云：“人而无信，不知其可也。”又云：“自古皆有死，民无信不立。”

企

足『止』之用，一为静立，一为行动。人于已立而未行之际，尚有一种独特状态，是『企』字之所言。

“企”的本义

“企”的甲骨文，与其如今的楷书字形结构相同，即上面一个“人”，下面一个“止”。所不同的是，其楷书字形的上下两部分是分开的，而甲骨文字形的上下两部分则是连在一起的：表示脚的“止”，刚好接连在上面“人”字的脚底处。换句话说，这是一个突出了脚部的人形。这是在示意什么呢？正是《说文解字》所说的：“企，举踵也。”“企”的本义即踮起脚跟，构词如“延颈企踵”“企足而待”。

◎甲骨文

◎金文

◎楷书

◎小篆

◎隶书

《道德经》中有："企者不立，跨者不行。"大意是，踮起脚跟试图站得高的人，反而因下基不稳而站立不住；迈起大步想要迅速前进的人，反而因举足吃力而行走不快，说明万事若施力不当，都容易适得其反。《汉书·高帝纪》中有："军吏士卒皆山东之人也，日夜企而望归。"这是说，部队中的军官、士兵都是崤山以东的人，他们日夜踮起脚跟东望远方，盼着回归故乡。

"企"的引申义

正如"企而望归"这个词所透露的，踮起脚跟、耸起身子，往往是为了增加高度以看得更远，因此，"企"引申为远望。曹植《闲居赋》中有："登高丘以延企，时薄暮而起雨。"意思是，我登上高高的山丘好看得更远，雨水伴着黄昏一起到来。

有一种我们熟知的动物，就是以"企"字命名——企鹅。为何如此命名？这种生活在南极的古老物种，两脚生于身体最下部，和人相似，呈直立的姿势。睡眠、哺食之余，它们习惯性地在冰岸上直颈伫立，目光深邃，像是始终在深情眺望着什么。如果想到"企"有远望之义，就会发现，前人为它们取的名字，实在是再贴切不过了。

由眼目层面的远望，引申为内心层面的盼望、追慕，这就有了“企盼”“企望”“企慕”。成语“惭凫企鹤”，用来比喻惭愧自己的短处，羡慕别人的长处。此外，“企业”一词极常见于现代社会，其中的“企”字也当作企望来讲，“企业”即企望兴业——从事工商经营活动，都以盈利和扩大再生产为基本目标。

“企”以举踵之象，绘人翘首望远之姿。一身数尺之见，不能够透视墙垣，不足以穷山观海。君子怀信，以心志之企望，开天地之大观。

步

欲达企望得见的种种远景，终须脚踏实地。『步』字所言，正是此事。

◎甲骨文

“步”的本义

◎楷书

从“步”的楷书简体字形看，它的上面也是一个“止”字，这很明显。但“止”下面是什么呢？它似乎不像一个完整的部件，看起来要比“少”字缺了一个点画。其实，与上半部分一样，它也是一个“止”字，只不过是一个反过来写的“止”。

◎金文

它从甲骨文起就是这样的构形了：两个“止”字一上一下、一正一反地写在一起。既然正着写的“止”表示左脚，那么反着写的当然就表示右脚。抛开复杂的知识、经验，我们只需用最简单的思维就能读懂这个字形：左脚在前，右脚在后。两只脚一前一后、交错向前，这显然就是人在走路。

因此“步”的本义即走路、行走，构词如“步行”“踱步”“信步”。出自《庄子·秋水》的成语“邯郸学步”，是说有个燕国寿陵人来到赵国邯郸，学习当地人走路的姿势不成，还把自己原来走路的方式也忘了，最后只好爬着回去。

◎小篆

“步”的引申义

◎隶书

◎楷书

如果将其用为名词，“步”就表示左右两脚各跨一次的距离。同样，单独一只脚跨一次，也就是半步，则称为“跬”。《荀子·劝学》中有：“故不积跬步，无以至千里；不积小流，无以成江海。”这是说，不积累一步半步的行程，就无法走到千里之远；不积蓄细小的水流，就无法汇成江河大海。

出自《孟子·梁惠王上》的成语“五十步笑百步”，是说两个士兵打仗败退，一个退了五十步，另一个退了一百步，前者嘲讽了后者。这就很可笑了，虽然两人后退的远近不同，但本质都是懦弱的退却。它用以比喻人只顾嘲笑他人的短处，却不反思自己也没好到哪里去。

借此也可看出“步”字在古今语言中表意的差异——如今我们若说一个人迈出“一步”，所表达的含义等同于古人说的一“跬”；而我们说迈出“两步”，才是古人口中的一“步”。由此联想到曹植的“七步成诗”，便是应该指左右两脚各跨出了七次，他可用于构思的时间，就比我们一向所惯性认为的“七步”，要多出一倍。

行走产生位置的移动，移动的远近则要以长度来度量，因此，“步”还用作旧制长度单位。《荀子·劝学》里的“骐骥一跃，不能十步”，《阿房宫赋》中的“五步一楼，十步一阁”，即是用例。历代对“步”的长度定义有所不同，比如周时以八尺为一步，秦时以六尺为一步。

直到今天，“步”仍然是一种粗略的距离概念，行走时两脚之间的距离，就叫“一步”，距离某物或成功很近，我们会说“一步之遥”。这已不再是一种标准长度单位，而只是一种便于人们理解的生活化表述。将这种对距离的判断，概括为抽象的远近、事物进展的程度，“步”则可以指阶段、境地，构词如“初步”“地步”“这步田地”。

“步骤”与“步伐”

行步可以有缓有急，也当应时而缓急。人们常用的“步骤”一词，所揭示的就是这个道理。《荀子·礼论》中有：“故君子上致其隆，下尽其杀，而中处其中。步骤驰骋厉骛不外是矣，是君子之坛宇宫廷也。”

◎甲骨文

◎楷书

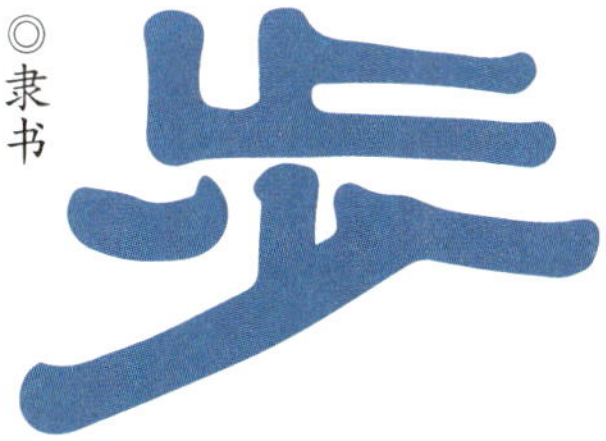

◎隶书

这是说，知礼的君子，能将隆重、简省、适中的礼仪都做到极致，且行动举止都在礼的范围之中，张弛自如。这里的“步骤”“驰骋”“厉骛”，描述的是以从慢到快的三种速度行进，分别指快行慢走、策马奔腾、疾速飞奔，所对应的正是隆重、适中和简省的礼仪。“步骤”又可具体分为“步”和“骤”，“步”指人缓慢行走，“骤”为马疾步，即马的快行，因而两字合起来，表示或缓或急地行进。这样，行步有了快慢先后之别，就有了一定的节奏次序，引申至今，“步骤”就表示行事的方法、程序。

“步伐”一词也由来已久。《尚书·周书·牧誓》中有：“今日之事，不愆于六步七步，乃止齐焉，夫子勖哉！不愆于四伐五伐六伐七伐，乃止齐焉。勖哉夫子！”这是一段武王伐纣行军之前的誓师词。其中，“步”指行步，“伐”指以戈矛击刺。两字后合为“步伐”一词，指队伍行进操练或人走动时有节奏的步调。

企望之余，更需硅步相积。《道德经》中有：“合抱之木，生于毫末；九层之台，起于累土；千里之行，始于足下。”君子怀信，深明短长之行，皆非一蹴而就，必要累积步履，方可致于远方。

陟降

有了步履的移动，人就有了上下前后位置的变迁。『陟』『降』二字，描述的是垂直于地面方向的位移动态。

“陟”的本义

给“步”字添加一个“阝”旁，就成了“陟”，它的甲骨文字形就是这样。这个“阝”，是由“阜”字变形而来，最初刻画的其实是一架古老的阶梯。因为很早的时候，古人住在土穴之中，进出都要有这阶梯，它很有可能一开始是在土穴的土壁上凿出的一个个用来踏脚的浅坑，后发展为干栏式建筑中的木梯。它由阶梯的本义，引申为似阶梯般可攀爬上下的山坡，因此带有“阝”的字，大多都与登高或者山坡有关。比如“阶”“险”“阻”“陡”“隆”，等等。

◎甲骨文

◎金文

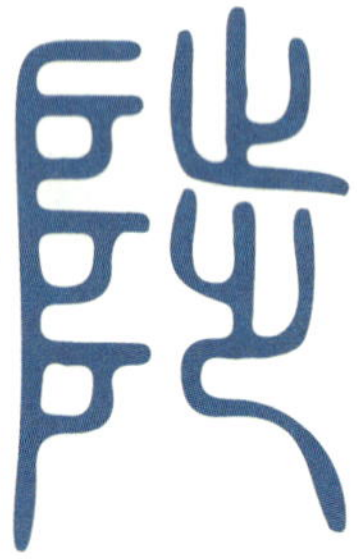

◎小篆

◎隶书

◎楷书

这样，“阝”与表示行走的“步”就合而会意：人沿着阶梯或山坡向上登高。

《诗经·魏风·陟岵》中有：“陟彼岵兮，瞻望父兮。”意思是，我登上那草木繁茂的高山，望向有我父亲的故乡。又有：“陟彼屺兮，瞻望母兮。”意思是，我攀上那光秃秃的高山，望向有我母亲的故乡。这几句后来演变为成语“陟岵陟屺”[1]，表达久役在外的人想念父母。

[1] 岵：长有草木的山；屺：不生草木的山。

陟彼屺兮，瞻望母兮。

“陟”的引申义

诸葛亮《出师表》中有：“宫中府中，俱为一体，陟罚臧否，不宜异同。”这是诸葛亮在劝诫刘禅要赏罚分明、一视同仁，其中“陟罚臧否”中的臧、否二字相对，意思分别为赞扬和批评；陟、罚二字相对，意思分别为提拔和处罚。试想，这里的“陟”，为何解释为“提拔”呢？

很显然，“陟”的本义是爬梯登高，或言“人往高处走”，因此这个字后来引申为“提拔”“提升”，就是从物理位置的升高，引申为人社会地位的升高。

“降”的本义

“陟”字如今已很少用到，但它有一个近亲字却仍十分常用，即“降”。“降”是“陟”的反向运动。

◎陟 甲骨文

“陟”和“降”的楷书，乍看起来除了左边的部首都是“阝”之外，似乎没有多少关联。但对比两者的甲骨文、金文就能发现：将“陟”中的两只正缘阶登高的脚双双倒过来写，就成了“降”。换言之，它是“阝”与倒

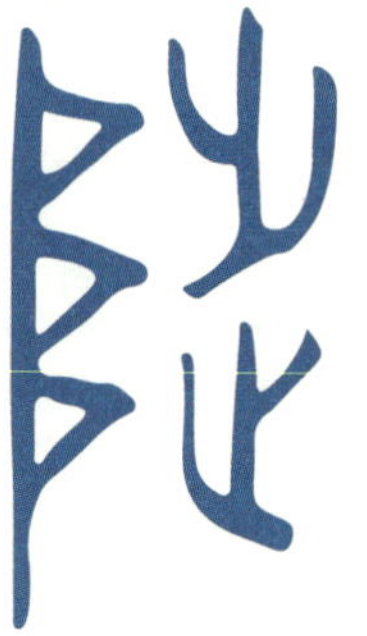

◎陟 金文

着的“步”的组合——逆反于“陟”的缘阶登高，“降”自然是指缘阶下行。

◎降 小篆

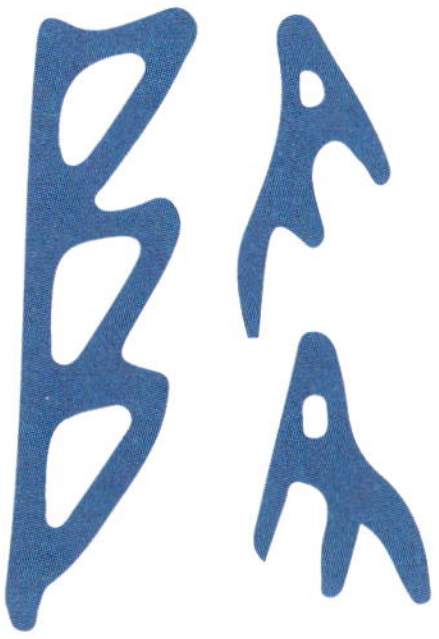
◎降 甲骨文

◎降 金文

“降”的引申义

◎降 隶书

◎降 楷书

由人的缘阶下行，“降”引申为广泛事物的落下，构词如“降落”“降低”“下降”。天是极高的存在，自天上落下的多称为“降”，比如“降雨”“降雪”“霜降”。《道德经》中有：“天地相合，以降甘露，民莫之令而自均。”大意是，美好的雨露是天地的阴阳之气相合而生的，不必谁来指使，却处处自在均匀、普润万物。除了雨雪、甘露以外，祥瑞、人才和使命等，在古人眼中也是天上掉下来的，比如人们自古爱说“天降祥瑞”“喜从天降”，龚自珍的“不拘一格降人才”，《孟子》中的“故天将降大任于是人也”，都是这种用法。

但凡有高有低且处于变动中的，就有升降之别，如有升温、升旗、升职、升级，对应着就有降温、降旗、降职、降级。作为“升”的反面，成为“降”最广泛、常见的用法。

此外，人失去主导地位或有利条件而成为被动者、下位者，也是一种由高到低的变迁，因此“降”还可以用来表达屈服、归顺等含义，此时读作“xiáng”，构词如“投降”“降服”“降龙伏虎”“降妖除魔”。

《周易》中有：“上天下泽，履。君子以辩上下，定民志。”之所以将“陟”“降”放于“步”之后言说，是因为有步履之动，就会有“位”的移改与确定，依“位”可辨明上下之别，分清尊卑之序，“礼”就在这一过程中产生且显明开来。君子怀信，居上能知谦恪，处下亦有尊重，皆因明礼于心。

徙

如果把『陟』『降』所言的垂直行动改为水平行动，把字里的坡阶换为横陈的道路，这就成了『徙』。

“徙”的本义

“陟”“降”两字中的“阝”，到“徙”字中变成了“彳”。“彳”为“行”字的左半边，“行”最初像是一个十字路口的俯视图，取其一半仍表示道路，再与右边同向排列的两只脚（即两个“止”）组合，会意人沿着道路行走迁移。

◎徙 甲骨文

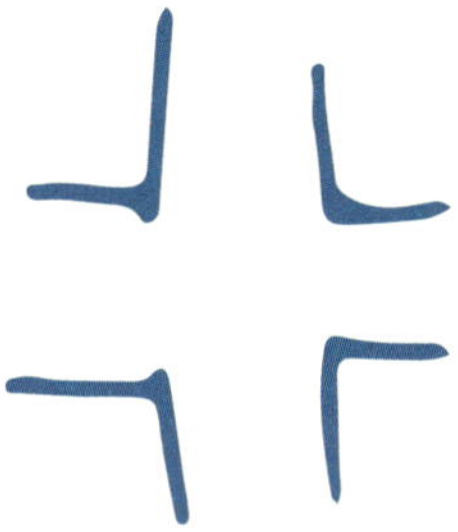

◎行 甲骨文

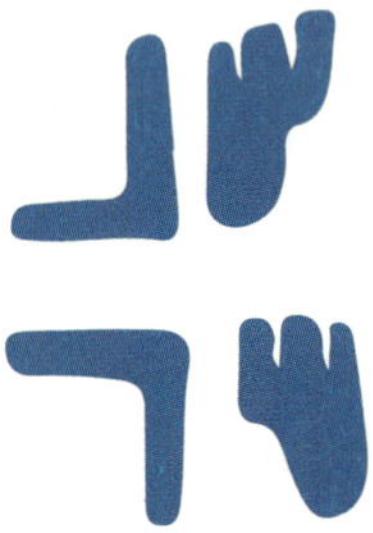

◎徙 金文

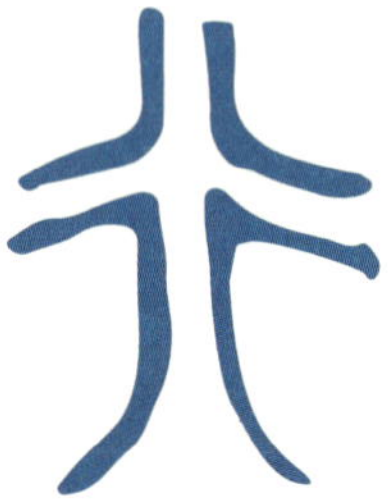

◎行 金文

《孟子·滕文公上》中有：“死徙无出乡，乡田同井。”这是说，人们埋葬和搬迁都不离开本乡范围，因为实行了井田制而治理有序，人们贫富得均各得所宜，生死皆不必远走他处。

◎徙 小篆

“徙”的引申义

由人沿路行移的本义，“徙”字引申为各类人、事物的迁改、移动，结合字中同向而置的两个“止”，可知它更强调某单一方向的移动。民众的迁居，往往是一种单向移动，《道德经》中有：“使民重死而不远徙。”意即让人民重视死生大事而不思游走他乡。罪人的流放，是从中央到边远之地单向发配，因此白居易有：“天子矜怜不忍杀，诏徙东南吴与越。”意即君王不忍屠杀俘虏，下诏流放其至吴越之地。德性心志的变更，至少短期内也总是一种单向的移改，因此《论语·述而》中有：“德之不修，学之不讲，闻义不能徙，不善不能改，是吾忧也。”意即不修德也不向学，不能趋向仁义，也不能改正过失，这向来是孔子所担忧的。物品位置由此至彼的单向转移也可称“徙”，成语“曲突徙薪”，即为防火患而将烟囱改成弯的，把柴草从炉灶旁搬开，后比喻防患于未然。

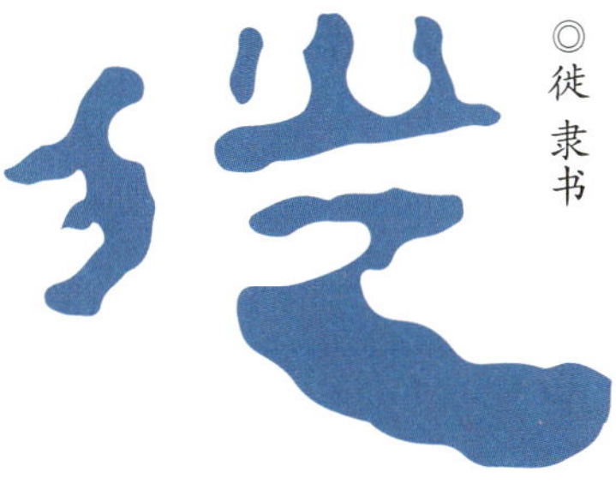

◎徙 隶书

◎徙 楷书

古时常用“徙倚”一词，其中“徙”为移向他处、远处，“倚”为靠向此处、近处，两字意义相对，联用起来就指时远时近地移动、来来回回地走动，与“徘徊”“踟蹰”等词意义相近。屈原有：“步徙倚而遥思兮，怊惝怳而乖怀。”曹植有：“踟蹰玩灵芝。徙倚弄华芳。”诗人们徙倚来回踱步，就如明月高楼上徘徊无定的流光。

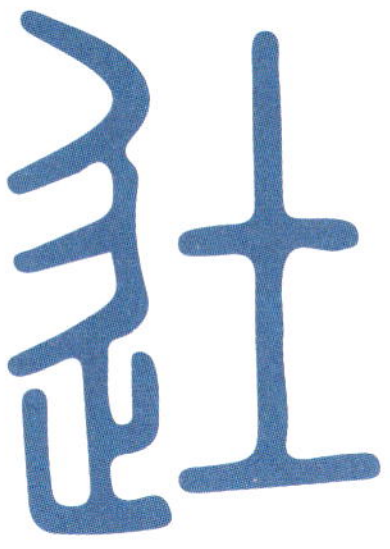

◎徒 小篆

“徙”与“徒”

与“徙”字相似的，还有一个“徒”字。“徒”的本义就是步行，所谓“徒步”而行，强调的是不借助车马、船只行进。这就

◎徙 隶书

◎徒 楷书

◎徒 隶书

是《周易》中所说的：“‘舍车而徒’，义弗乘也。”鲍照有诗云：“徒飞轻埃舞空帷。”后来，“徒”又引申为没有凭借的、空的，构词如“徒手搏虎”“徒有虚名”。

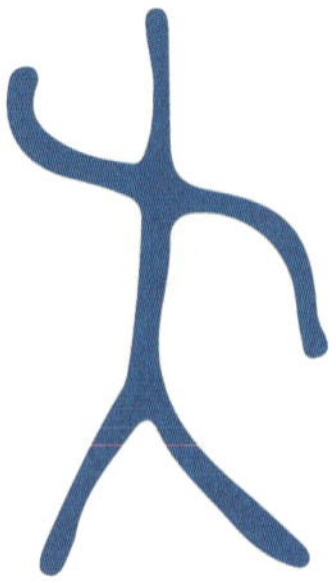

◎走 甲骨文

◎徙 甲骨文

◎走 小篆

◎走 隶书

◎走 楷书

其实最初的“徙”之字形右部本来并非一个“走”，而是“止”上一个“土”，表示步履扬尘。“走”字金文却是“止”上一个迈着大步、甩起双臂的人形，意即奔跑。虽然最后简化的结果相同，但字源却是不同的。

◎走 金文

《周易》中有：“君子以见善则迁，有过则改。”“徙”则为此改过向善之象。君子怀信，如佩玉在身，向善而迁，向礼义仁德而迁。

◎徙 楷书

出之

在步履的方式与行动的维度都确定好了之后，有两个字成为这一切行动的基础——『出』与『之』。凡远近之行，都要有所出离，又有所前往。

“出”的本义

◎甲骨文

“出”字的甲骨文，上面是“止”，即人脚，下面是一笔下凹的折线，表示早期人类居住的土穴。这场景不难想象：有人正要从土穴里面走到外面。因此“出”的本义即从里走到外，与“入”相对。

◎金文

只是，经过字形演变，“出”至楷书变为貌若两“山”相叠的字形，一脚走出土穴的形象就完全看不出来了。不过辩证地看，这也未必是

◎小篆

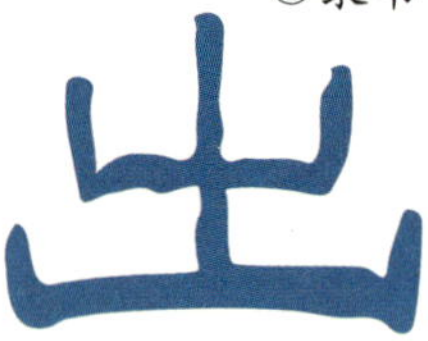

◎隶书

损失。新的字形中似乎更带有一种山外青山、更出其外的意境，让人想到：“平芜尽处是春山，行人更在春山外。”似乎可以说，虽然由于诸多复杂的原因，汉字的字形演变过程经常伴随着对造字本义的误解和背离，这种讹误往往给人们追本溯源的工作带来不少麻烦。但是，得以流传下来的误解或者误会，却又常常被赋予各个时代的观念与情感，有时甚至带上了前所未有的哲思意象和诗性光芒。

《诗经·郑风·出其东门》中有："出其东门，有女如云。虽则如云，匪我思存。"这是说，我走出城东门，只见女子多如云；虽然女子多如云，却都不是我心上人。那么这位男子的心上人是谁呢？下文紧接着说了："缟衣綦巾，聊乐我员。"意思是，那白衣绿巾的朴素姑娘，才是我中意的那个。

"出"的引申义

胎儿由母亲腹内生到腹外，因而称"出生"，古时封建宗法制度下一家后代尚有"嫡出"和"庶出"之别，顾爱他人的孩子像自己亲生的一样则称"视如己出"。植物种子从地里萌芽，也是一个从内到外的过程，因而有"出苗""出芽""出淤泥而不染"。人说话时，语言是从嘴里向外吐露的，因而有"出口成章""出言不逊""一言既出，驷马难追"。至于"出力""出资""出谋划策"等，是指把本来在自己身上的气力、钱财和想法拿到外面去用，李白的"五花马，千金裘，呼儿将出换美酒"也是这种用法。

◎楷书

从里面到外面，是从被遮蔽、掩盖的状态中脱离出来，因此"出"就引申为显现，构词如"出现""水落石出"。

月出惊山鸟，时鸣春涧中。◢

《周易》中有："河出图，洛出书，圣人则之。"这是说，上古时期浮现于黄河、洛水的"河图"与"洛书"，圣人奉其为法则而行事。"河图""洛书"是中国古代流传下来的两幅神秘图案，蕴含了万千宇宙星象之理。传说上古伏羲氏时期，有龙马背负"河图"浮现于黄河，伏羲据此推演八卦，后为《周易》之源；而帝禹时期，又有神龟背负"洛书"浮现于洛水，大禹依此治水成功，划天下为九州。

描写、刻画的艺术行为，也是使某种景色的情状显现，因此有柳永的"分明画出秋色"，亦有赵长卿的"写出江南烟水"；有苏轼的"写出寥寥千古意"，亦有黄庭坚的"画出西楼一帧秋"。如果同类相比超过了他者的水平，某人、某物便也能显现于众，这便有了"出人头地""无出其右""出乎其类，拔乎其萃"。

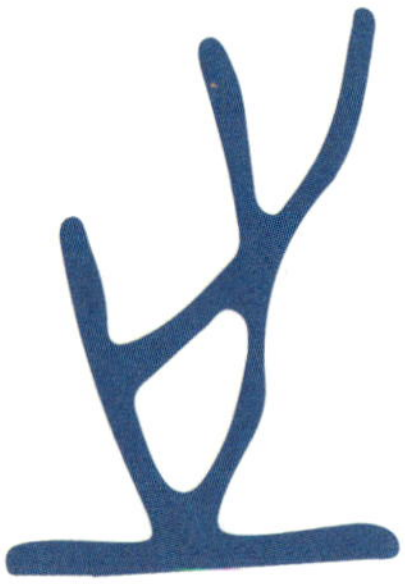
◎甲骨文

"之"的本义

如果把"出"字甲骨文的构形稍作修改，将字里表示土穴的这一下凹的折线，改成水平的一横，这就成了另外一个字——"之"。这一横表示此

◎金文

地、这个地方，与表示人脚的“止”合而会意：从此地出发行至别处，换言之即“前往”。经过字形演变，其楷书字形已变成一个点画和令人不明所以的转折，彻底失去了会意作用。

《诗经·卫风·伯兮》中有：“自伯[1]之东，首如飞蓬。岂无膏沐？谁适为容！”这是女子自言，从丈夫东行以后，自己的头发便日日散乱如飞蓬。哪里是因为家里没有洗发的膏油，只是要为谁打扮自己的妆容呢！一切的美都渴望被感应、被珍视，事实上无论男女，为“悦己者容”，都是一种千古不变的美的本性和爱的天赋。

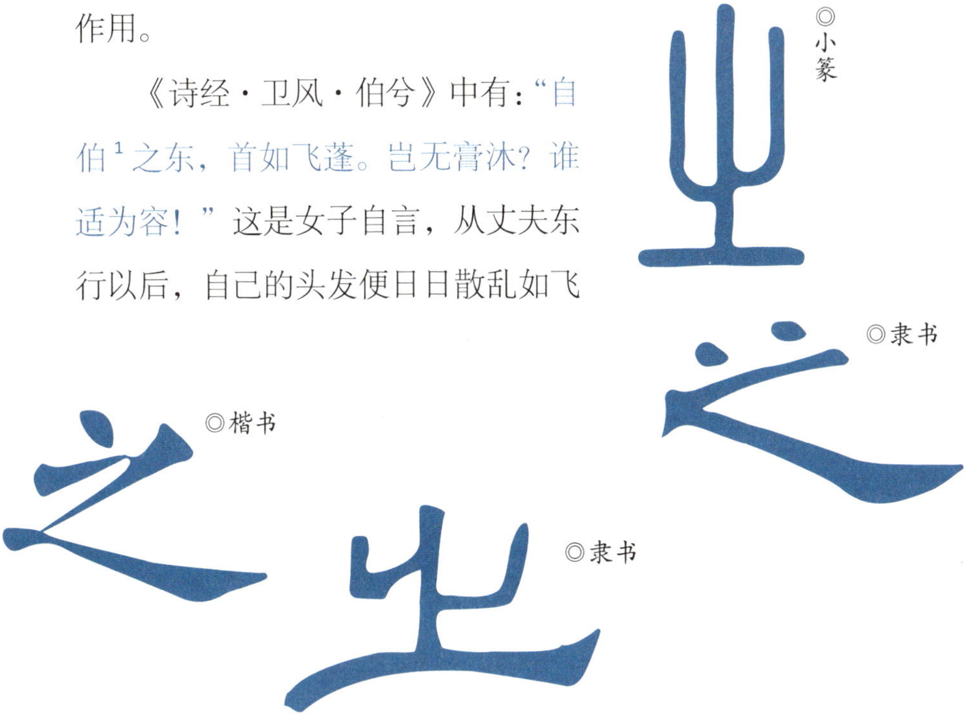

古诗文中，“之”用作本义的情况很多见，比如李白《黄鹤楼送孟浩然之广陵》，王勃《送杜少府之任蜀州》，“之

[1] “伯”字在此处是女子对丈夫的爱称。

广陵”“之任蜀州”，就是两位诗人分别送两位朋友去到广陵、蜀州。再如《史记·鸿门宴》中的“项伯乃夜驰之沛公军”，意即项伯连夜骑马赶往刘邦的军营；《阿房宫赋》里的“雷霆乍惊，宫车过也；辘辘远听，杳不知其所之也”，这是说宫车驶过声大如雷，尔后车声越听越远，不知去往了何处。

“之”的引申义

由此引申开来,“之”又可以表示及至，直到。成语“之死靡它”，就是到死也没有其他心思，形容人对爱情专一坚定，有始有终，至死不渝。

除此以外，“之”更多地被用作代词和文言虚词，因而与本义已经没有关联。这一类例子数不胜数，比如“取之不尽”“置之不理”，“之”作为代词；“莫逆之交”“堂而皇之”，“之”则作为虚词。

文莹《湘山野录》中记载了这样一件事：宋太祖赵匡胤登基以后，来到朱雀门前，抬头见门额上书“朱雀之门”四字，就问身旁的韩王赵普，为什么不写“朱雀门”三个字，偏要多用一个“之”字呢？赵普回答说，这是把“之”字作为语助词来用的。赵匡胤听后大笑着说：“之乎者也，助得甚事？”意思是，“之乎者也”这些虚词能对说话起什么作用啊。后来，这个故事就演变为成语“之乎者也”，形容人说话、写文章喜欢用深奥难懂的文言词汇，往往带有点儿“故作高深”的批评意味。

当然，有此成语，并非代表“之”“乎”“者”“也”真的毫无用处，相反，这些常用的文言语助词，为丰富多彩的汉语文明做出了不可磨灭的贡献。

◎出 楷书

◎之 楷书

《周易》中有：“山下出泉，蒙。君子以果行育德。”迁善之行，正如泉流出于山下，必将奔流而无所犹疑。君子怀信，行必有恒，不至不休。

先

凡出离之往，其时有早晚，其速有快慢，行者纷纷，必有『先』『后』之别。

◎甲骨文

“先”的本义

◎甲骨文

“先”的甲骨文，是“人”上一个“止”，“人”为在后者之身，“止”为在前者之脚，两者组合在一起，描述了行在人前、快人一步的场景，表达行动的时间在前或次序在前。后来，上方的“止”又添增一笔，变为与其意义相近的“之”，字形结构就确定并沿用下来，时至隶书才形变较大。

◎金文

《论语·先进》中的“先进于礼乐”和“后进于礼乐”，讲的是学习礼乐和出仕做官的次序，孔子赞成先学礼乐。韩愈《师说》中有：“闻道有先后，术业有专攻。”意即听闻道理会有先后次序，学问技艺也总是各有擅长，因此人应广泛

◎小篆

◎隶书

◎楷书

请教在任何方面比自己强的人。范仲淹《岳阳楼记》中有："先天下之忧而忧，后天下之乐而乐。"这是借一己之身与天下万众之间的忧乐次序而言志。

"先生"，古时多用于称呼父兄、老师、有学问的学士长者。"有酒食，先生馔"[1]，这里的"先生"指的是父亲和兄长；"先生施教，弟子是则"[2]，这里的"先生"指的是老师；《战国策》里魏客所见的"梧下先生"，这里的"先生"是指德行、知识值得学习的长者。在尊师重道的传统下，这些"先生"都备受尊敬。

有时"先生"也作为一种反讽，形容一些行事不足以为榜样的人。最著名的有两位：一位是《中山狼传》中的"东郭先生"，他想方设法救了中箭受伤的狼，到头来却又被这头狼重伤，后用来借指那些对恶人讲仁慈的糊涂人；一位是《晋书·刘寔传》中的南郭先生，一个不学无术的闲散之人，他混进为齐宣王吹竽的三百人队伍中，装模作样，滥竽充数，终在独奏时被揭穿而逃之夭夭，后用来形容没有才能却占据其位的多余人。

1 出自《论语·为政》。
2 出自《管子·弟子职》。

“先马”与“洗马”

古有官职名称“太子洗马”，为秦汉时所设。“洗”原应为“先”，为后人误书。“先马”即在马之先，“太子先马”即走在太子马前充当先导，为太子开路、宣示威严的侍从官，后来其职责逐渐相当于太子的“秘书长”。“先马”变“洗马”，容易引起误解、惹出笑话。据张岱《快园道古》记载，明朝太子洗马杨守陈就曾被一驿官问：“你官名‘洗马’，那么一天要洗几匹马？”他幽默地回答说：“勤快就多洗几匹，懒时就少洗几匹。”直到一位御史前来对杨守陈行跪拜大礼，糊涂的驿官这才知洗马官大，慌忙谢罪。

◎隶书

古时为引荐人才而事先美言，称为“先容”，汉代邹阳《狱中上书自明》中有：“蟠木根柢，轮囷离奇，而为万乘器者，何则？以左右先为之容也。”

◎隶书

◎楷书

这是说，为什么像长势盘曲的弯木头、老树桩那样的歪瓜裂枣，倒能够成为辅佐君主的人臣？那是靠了君主身边的人先给他粉饰了一番。骆宾王《浮槎》中有：“徒怀万乘器，谁为一先容。”意即空有辅君大志，却无人赏识进言。

“先”的引申义

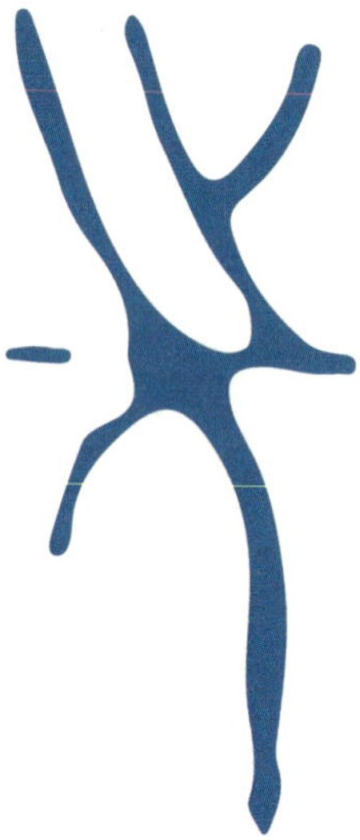

◎金文

开创、引领一事的行动，时序总是列于最前的，因而开创者、引领者及其所为，也可以称“先”，构词如“先驱”“先锋”“身先士卒”。

《庄子·外篇·刻意》中有：“不为福先，不为祸始。”大意为，不妄自争做造福人民的先驱者，也不做祸害人民的始作俑者。《韩非子·五蠹》中有：“禹之王天下也，身执耒臿，以为民先。”意即大禹治理天下时，会亲自握着挖土的锄锹，领着百姓下田劳作。

与此同理，上古时期开创了某个领域的神人鼻祖，古人也名其为“先”。比如将最先教人们耕种粮食的炎帝或后稷，称为“先农”；将最早教人们养蚕缫丝的嫘祖，称为“先蚕”；而“先牧”“先医”“先酒”就分别是指牧马、医药、酿酒之事的鼻祖；《山海经》还载有“泉先”，是指水族鲛人的鼻祖，即最早的人鱼之神。传说泉先哭泣之时，眼泪会化作明珠，李商隐的“沧海月明珠有泪”，就是以泉先之泪来比喻海上的月影。此外，“先”还引申为生于当世之前的，用以称呼已故者，构词如“先祖”“先辈”“先贤”。

“后”为“先”之反

後 ◎楷书繁体

后 ◎楷书简体

作为“先”之对立面的是“后”，它的楷书繁体写作“後”，是由“彳”“幺”和“夊”三部分构成。“彳”表示道路，“夊”表示行动缓慢，“幺”表示系缚，三者合而会意：脚有系缚，行路迟后。

《论语·雍也》中有：“非敢后也，马不进也。”这是说，军队败退之时孟之反殿后而战，以掩护全军撤退。但等快至城门时，他却故意鞭打着自己的马说：“殿后不是因为我勇敢，是因为我的马跑不快。”老子有言：“不自伐，故有功。”孟之反的“后”，是勇者之“后”，而其自导自演的这出“小戏”，是谦者之戏。

由行路迟后的本义，“后”还引申为后来、后辈、后世、后面等，通常与“先”或“前”互为反义词。陈子昂有诗云：“前不见古人，后不见来者，念天地之悠悠，独怆然而涕下。”

楷书繁体“後”最终被“后”这一字形所代替。“后”字本义为君王。《周易》中有：“后以施命诰四方。”

◎甲骨文

◎金文

◎小篆

◎隶书

再晚些，“后”也用以指代诸侯，如《尚书·舜典》中的“班瑞于群后”，就是分发瑞玉给各诸侯。其更广为人知的含义，则是指君王的嫡妻，也即“王后”“皇后”。可见，“后”与“後”的含义线索是互相独立的，由于早在古时就常假借“后”来表达“後”，且前者笔画简单，因此最终两字都被合并写为“后”。

行之先至者，为一方之主；理之先明者，为一事之师。君子怀信，先知先行而授业传道，教事喻德。

客

秩序无处不在，比如于一室而言，则有先来后到之别。先既为主，后必有客。

“客”的本义

“客”字自甲骨文开始便是这样写了：上面一个“宀”，下面一个“各”。“宀”最初的样子就是一座尖顶房屋的侧视图，意即房子；“各”的甲骨文，是在人住的土穴上画了一只倒过来的脚，表示有人来到。因此，“宀”与“各”就合而会意：有人来到家中。来的是什么人？当然是客人。

◎宀 甲骨文

◎各 甲骨文

◎客 金文

◎各 甲骨文

◎客 小篆

◎客 隶书

“客”字本义即来家里拜访、停留的宾客。杜甫《客至》中有：“花径不曾缘客扫，蓬门今始为君开。”这是说，花草丛生的小路我还没有为迎接哪个客人而打扫过，简陋的院门也直到今天才特地为你打开。朴素而清幽的住所，简约却隆重的招待，字里行间洋溢着诗人对有客到来的欢喜和热情。《诗经·小雅·楚茨》中有："为宾为客，献酬交错。"[1] 孔子云："有朋自远方来，不亦乐乎！"热情好客是中国人向来的秉性，有客人来，就有茶与酒的香气，就有情与思的交换，就有礼节的施行和往来。

1 "献"为敬酒，"酬"为劝酒。此句形容宾客欢聚宴饮的情景。

花径不曾缘客扫，
蓬门今始为君开。

◎恪 小篆

◎恪 隶书

◎恪 楷书

◎愙 金文

金文中，还有一个字是“客”加上一个“心”，构形为“愙”，字形可解读为：待客之心，或客者之心。后来“客”慢慢简作“各”，而“心”字也发生变形移动，字形就演变为“恪”。为主为客，自古都应是恭敬、谦谨的，因此“恪”的本义即恭谨。《诗经·商颂·那》中有：“温恭朝夕，执事有恪。”意即早晚温文又恭谨，行事谦诚敬神明。中华民族正因为执有此“恪”，心怀敬畏，谦恭知礼，感恩长在，才能在天地之间安置好生而为人的位置，融洽于自然万象，又自其中源源不断地获得灵感、智慧和不竭的文明创造之力。

远方来客

古典文学中，有一类特殊的客人，叫“远方来客”，他们登门时，经常会为主人带来一些有意思的东西。都是些什么呢？比如《古诗十九首》中就有两位远方来客：“客从远方来，遗我一书札。上言长相思，下言久离别。”“客从远方来，遗我一端绮。相去万余里，故人心尚尔。”这两位来客，一位送来的是一封信，丈夫在信里诉说了久别的相思，而这位妻子更是每天将信带在身上珍存。另一位送来的是半匹织有鸳鸯的素缎，它让妻子收悉夫君万里之外未变的心。又如汉乐府诗《饮马长城窟行》中有：“客从远方来，遗我双鲤鱼。”南北朝谢惠连《代古诗》中有：“客从远方来。赠我鹄文绫。贮以相思箧。缄以同心绳。”这些未曾留下姓名的远方来“客”所带来的，往往都是寄寓了平安祝愿和久别思念的信物。有客若此，中国人岂能不好客？

“客”的引申义

◎客 楷书

从家舍扩展至乡域，造访、旅居他乡者，于他乡而言就是外来的宾客，因而“客”就引申为游子、旅人。王维有“独在异乡为异客”，杜甫有“万里悲秋常作客”。贺知章《回乡偶书》中有：“儿童相见不相识，笑问客从何处来。”在外已做了多年的异乡之“客”，未曾想归来竟又成故乡之“客”。儿童天真温暖地相问，却问出了客者的半生悲凉。

为从事某种活动而出游奔走、行无定所的人，也常以“客”为称，比如古有“说客”“侠客”“剑客”；至于今日，人们将从事政治投机、逢迎弄权的人称为“政客”，将自携给养、自助出游的旅行者称为“背包客”，将往来于景区游玩的人称为“游客”。

好客之情，似在春秋战国时期到达顶峰，并产生了一种养客之风。“门客”，或称“食客”，是古代寄食并服务于贵族豪门的一类士人，门客规模象征着门第的地位和财富。每个诸侯国的公族子弟都养有大批门客，“战国四公子”就以此而著称。当时，“四公子”门下的食客都超过了三千人，养客成为上层社会竞相标榜的一种时髦风气。君王、权臣都以多多收养门客为务，这也大大推动了当时“士无常君，国无定臣”的人才流动和竞争的局面。

也有一些客，是让人为之提心吊胆的，“刺客”即是一例。再比如，“不速之客”比喻不请自来者、意外来至者，带上了目的不明、善恶难辨的意味。因此，兴兵入侵者可以称为“客”，《国语》中有：“天时不作，弗为人客。”这是范蠡对勾践说，若天时条件不佳，决不主动兴兵侵伐。

“客”与“宾”

◎宾 甲骨文

◎宾 甲骨文

有一个与“客”本义十分接近的字是“宾”。“宾”的甲骨文构形，是以下几种事物组合而成，主要有：房屋、客人、主人、脚。显然，它所描述的就是客人来到、主人接待的场景。到了金文，有的字形中客人取代了主人，财物取代了脚的形象，强调客人是携礼物登门的。数千年前宾客到访就不空手而来，可见中国人“送礼”的传统是何其古老。这种金文字形演变至楷书简体字形，又用一个“兵”置换了屋里的一切，人们再也无法从中读出那种以礼相待的含义了。

◎宾 甲骨文

◎宾 金文

客以礼来，主以礼待，《礼记·乡饮酒义》中有：“宾者，接人以义者也。”《说文解字》中也对其以“所敬”二字诠释。可见，以礼而敬，是“宾”字含义的核心，其中具有美好温馨的气息。《诗经·小雅·鹿鸣》中有：“我有嘉宾，鼓瑟吹笙。”这是兴乐待客的热闹场景。

将“宾”“客”两字对比来看，“客”更强调主客关系，而“宾”更强调礼待关系。换句话说，“宾”有嘉客、贵客的意味，是“宾”固然是“客”，但只有主客两者以礼相待的“客”才能称“宾”。这就是“客”的引申义更多且不少有负面色彩，但“宾”字出现时却都是谦敬

◎宾 小篆

礼待氛围的原因。这在古时邦国的外交礼节中体现得最为明显，据《周礼·司仪》记载，将来访的诸侯、诸伯、诸子、诸男称为“宾”的时候，他们的从属家臣则相应地称为“客”。因此，如果单独言说时，“宾”“客”两字含义是相通的，但如果两者放在一起而论，则有“宾”尊而“客”卑、“宾”大而“客”小之别。

◎宾 楷书

◎客 楷书

老子曰：“吾不敢为主而为客。”先知先明而为主，又不以主自居者，则有宾客来赴无穷。《周易》中有：“君子以虚爱人。”君子怀信，空虚其怀，受纳于人，人感此虚心，莫不来应。

正

主客又往往是相对的，时有『不速之客』以反客为主的目的而来。尤其是，若空有主之位而不具主之德，自当有『客』来讨之征之。讲述这类事的字，是『正』。

“正”的本义

◎甲骨文

“正”字现在写作“止”上面加一横，不过它的这一横是由甲骨文中的一个方框演变而来，这个方框代表一个范围，往往代表一座城邑或者一个邦国，有时这个方框也写成一个填实了的小黑点。

◎金文

◎小篆

◎隶书

◎楷书

这样，“正”就表示一只脚迈向一座城，它是要做什么？是普通的进城吗？看起来没有这么简单。这只脚其实是一只外来者的脚，它迈向一座城的目的是征伐。“正”的本义即征伐，是“征”的本字。“征”是“正”与表示道路的“彳”组成的合体字，在“正”已主要用为其各种引申义之后，古人新造了“征”以表达“正”的本义。

不同时期历法中的“正月”有别。比如夏历以春一月为正月，商历以冬十二月为正月，周历以冬十一月为正月。如今我们说的正月指阴历一月。

在周朝，国家大事都安排在新岁伊始的正月来处理，所以“正月”又名“政月”。秦始皇就在正月出生，因此取名为“嬴政”。古时君王都重视“避讳”，所谓“为尊者讳，为亲者讳，为贤者讳”。但人们在说正月之“正”的时候，读作“zhèng”，与嬴政之“政”同音，据说秦始皇就不愿意了，自己的名字哪能天天被平民百姓这么叫着。于是正月之“正”的发音就被下令改为“zhēng”，至今如此。同样，表示正月的“新正”，表示正月初一的“正旦”，也都念作平声。

“正”与“乏”

另外，有一个与“正”紧密关联的字——“乏”。今天看来，这两个字并没有多少相像。但在金文中，“乏”的字形，刚好就是一个歪斜着写的“正”，古人用这种方式来表达“不正”。到了篆文时期，“乏”的字形更是变成了一个反着写的“正”，其“不

◎乏 金文

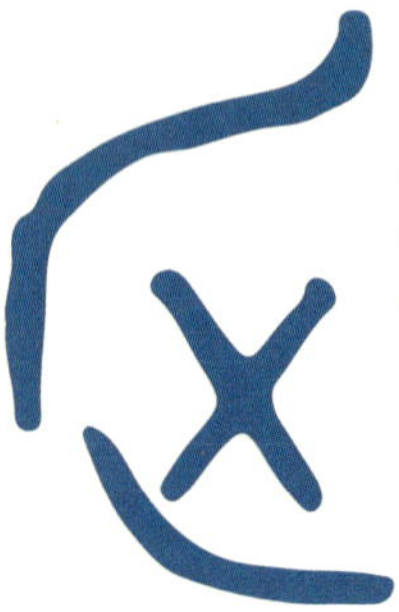

◎乏 金文

正”的含义更加清晰了。所以，“乏”的本义就是“不正”。“正”的本义是出征，“乏”就是不征，即罢征或耽搁了出征。湖北云梦县睡虎地秦墓出土的竹简中，就记载有这样的文字：“御中发征，乏弗行，赀二甲。”意思是，为朝廷征发徭役，如果耽搁了行程，那么就应该被判罚上交两副甲胄。

◎乏 隶书

◎正 楷书

一般是什么原因导致人罢征或耽搁了出征呢？自然是疲劳、倦怠。因而“乏”就逐渐引申指疲倦、劳累，这就有了“疲乏”“困乏”“人困马乏”。疲倦劳累，付出少，所得就少，因此“乏”继而引申为缺少，构词如“不乏其人”“乏善可陈”。

孔子云：“其身正，不令而行；其身不正，虽令不从。”君子怀信，先能端然正己，而后通天下之志。

武

征伐之事，必要兴兵而进；正义之师，方能勇毅刚强。描述这种行『正』进军之状的字，是『武』。

“武”的本义

“武”的甲骨文，上面是一个“戈”，它是古时作战常用的一种长柄横刃的兵器，下面是一个“止”，即以脚的形象表达行进，两部分就合而会意：持戈行进。不难想象，这是在描述打仗行军或者阅兵誓师的样子。这个字构造简明，其小篆和隶书字形里的“戈”都还很清晰，但演变至楷书，这部分就变得难以辨认了。

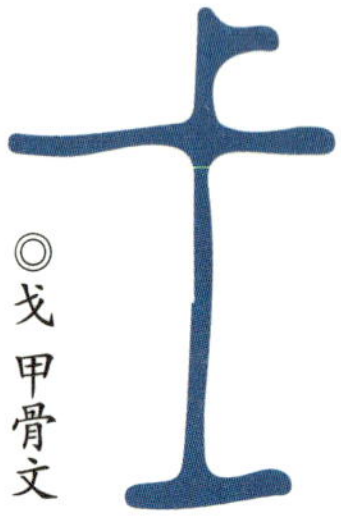
◎戈 甲骨文

◎武 金文

◎武 甲骨文

◎武 小篆

◎武 楷书

持戈行进，自然和参与军事、战争有关。《尚书》中的“偃武修文”，即停止战备，振兴文教。用作本义的“武”常与“文”连用，如人们常说的“文武双全”“文治武功”“文韬武略”“文恬武嬉”，等等。

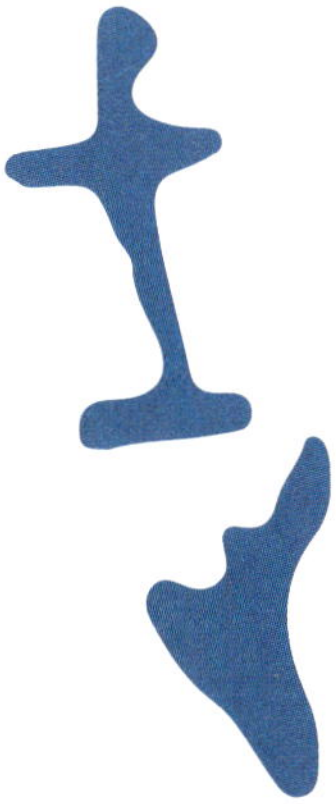

◎武 甲骨文

“武”的引申义

士兵在战场上拼杀，所呈现的姿态是威猛刚强、不会稍加辞让的，因此“武”可引申指勇猛、刚健，构词如“威武”“勇武”“英武”。

《诗经·郑风·羔裘》中有：“羔裘豹饰，孔武有力。彼其之子，邦之司直。”意思是，羔羊皮袍的袖口装饰豹皮，这人十分威武而有力气。这样一个内外兼修的人，才能为邦国尽职，主持正义。屈原《九歌·国殇》中有：“诚既勇兮又以武，终刚强兮不可凌。”这是说，楚国战士勇敢而英武，刚强始终无人能犯。此句中“勇”“武”“刚”“强”四字意义相近，可以互为解释。

◎戈 金文

“武”字本身便包含“戈”这个部件，而战争总要有兵器，因此它又引申指兵器。《史记·三王世家》载武帝言曰：“洛阳有武库敖仓。”意即洛阳有储藏兵器和粮食的仓库。在汉代，储藏兵器的仓库称为“武库”，掌管兵器的机关叫“武库署”，在职的官员叫“武

◎武 甲骨文

◎武 隶书

库令”和“武库丞”。王勃《滕王阁序》中有：“腾蛟起凤，孟学士之词宗；紫电青霜，王将军之武库。”这是王勃在称赞出席集会的两位声望较高的前辈：文坛领袖孟学士有凤舞龙飞般的文采，而王将军的武库则藏有紫电、青霜[1]一般的宝剑。

---

1 分别指孙权、刘邦的宝剑。

除了代表兵器的部件“戈”之外，“武”字中代表脚的部件“止”也独立开启了一条意义引申线。相较于两个“止”构成的“步”字代表“两次举足”，“武”字既然只有一个“止”，便依理代表“一次举足”，即半步。用作长度单位，古时以六尺为“步”，“武”为半步自然便指三尺之长。《国语·周语下》中有：“夫目之察度也，不过步武尺寸之间。”这是说，眼睛能够察看、审度的范围很有限，不过就是周遭三五尺的距离。

步武虽短，却必然留有足迹，因此“武”又进而引申为脚步、足迹。《诗经·大雅·下武》中有：“昭兹来许，绳其祖武。”

◎止 甲骨文

◎武 隶书

◎武 楷书

意思是，光耀的后进者，延循着祖先的足迹。后世即以“绳其祖武”为成语，表达继承先贤、发扬祖业之义，其中的“武”即足迹。在此篇中还有一句：“下武维周，世有哲王。”这是说，因为后世能继前贤，所以世代都有圣明君王。这句里的“武”则应释为“继承”，这其实就是将表“足迹”的名词转用为动词，即沿着前人的足迹行进，也就是继承其志业。

◎武 金文

◎武 隶书

◎武 楷书

君子怀信，持正用“武”，以立威平乱。然则古人云：“善为士者，不武。”又云：“克城以武，戡乱以仁。”仁者，敬天地而爱民生，远杀伐而慎兵戈。

岁

『正』之所以能成其行，『武』之所以能立其威，实则全在一把不同寻常的战斧，它以兵戈之形而起震戒之用，又脱离于杀伐之事而成法权象征。诠释这把战斧的字，是『岁』。

◎岁 甲骨文

“岁”的本义

“岁”的甲骨文，本是一把大斧的形象，这把斧后来写作“戉”，是斧钺之“钺”的本字。这种名为“戉”的大斧，与“武”字中的“戈”大有不同，它在商代并非用于战斗的兵器，而是用于处刑的刑具。而刑为法所量，法为君所立，因而“戉”在此处是法度法则、君王威权的象征。与此相似的，君王之“王”的甲骨文，也是以一把锋刃朝下的斧钺来象征王权的。

◎王 甲骨文

◎岁 隶书

◎岁 甲骨文

◎岁 金文

“岁”“戉”在甲骨文中本为一字，都以战斧之形来象征法则与王权，后来两者逐渐分化开来，一个言人间事，一个言天上事：“戉”专门表示具象的斧钺，用以象征人间的法律与君权；“岁”专门表示抽象的斧钺，用以象征天上的法度与神威。天上何种存在可以当此之名呢？就是一个极为重要的星体——岁星。岁星也即木星，后来以“木”名之，是古人将五大行星与五行一一对应而得来。

◎戉金文

◎戉小篆

岁星约每十二年在天球上运行一周，古人据此建立了岁星纪年法，即干支纪年法。岁星宛如一位秉斧持钺、值守时序的法度神的化身，其每运行周天的十二分之一，时间就过了一年，千古不变。因而，岁星以“岁”来命名，正是取其法度、威权之义。

◎岁 小篆

“岁”字的表意既然已与“戉”分化独立开来，古人便又在其大斧的形象之上，另外增添了强调天体运行的部件“步”而造新字，其在甲骨文中便已出现。后历经字形演变，至楷书便写为“歲”。到了如今所用的简化字，字形中的斧钺与步履双双消失无踪，被“山”“夕”两个部件所取代，“岁”字至此失去了它原本的法度之象。

◎岁 隶书

◎岁 楷书

“岁”的引申义

古人以岁星的运转来纪年，“岁”字便引申为时间概念上的年，此即《黄帝内经》中的“四时谓之岁”，也即《论衡》中的“积月为时，积时为岁”。一岁之中，春、夏、秋、冬四季轮转，十二月建时令相续。《周易》中有：“寒往则暑来，暑往则寒来，寒暑相推，而成岁焉。”冬寒夏暑，年岁自成，万物也如此，不在于思虑博求，在于顺循自然。

禾谷的耕作收成是以年岁为周期的，所以“岁”又引申为收成、年景。成语“楛耘失岁”，意思是指耕作不细致会影响到收成。饥荒严重称为“恶岁”，收成不够称为“歉岁”，五谷丰登称为“丰岁”。

此外，“岁”还引申为广泛意义上的时间、光阴，《论语·阳货》中有：“日月逝矣，岁不我与。”“岁”也用以表示人的年龄，李商隐有诗云：“十岁裁诗走马成，冷灰残烛动离情。”

一柄通天贯地的法则之斧，上令星辰，下统万民，四时相推，禾稼年成，是“岁”有常德。老子曰：“常德不离。”君子怀信，尊道奉法，不违常德。

时

『岁』之所示的法度有常，以星辰运转、日月经天为因，以春秋相递、位以时移为果。万事万物都在法度之下周旋易变，而用以衡量这种易变尺度的字，是『时』。

“时”的本义

“时”字的甲骨文，上面是一个“之”，表示出行前往某处，下面是一个“日”，即太阳。宜以最单纯的思维去理解它，这两部分合而会意：太阳正前往某处，或太阳的出走和运行。正因天上太阳运行，才有地上时节分明，因此“时”的本义即节气、时令。杜甫有：“好雨知时节，当春乃发生。”王维有：“为乘阳气行时令，不是宸游玩物华。”

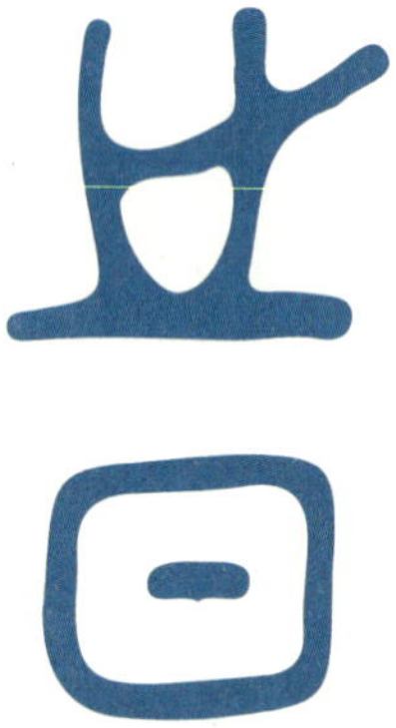

◎甲骨文

◎金文

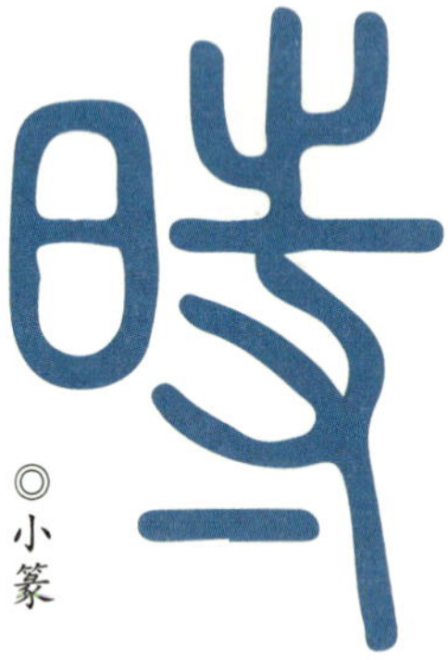

◎小篆

到了战国时代，其字形中又增添了表示手的“又”字，表示观象测时之事是人的行为；也大约同时期，“又”常被与其同源且意义相近的

◎隶书

時

◎楷书

“寸”字所替换[1]，强调了度量而知时的含义，其字形也渐渐变为左右结构。经过演变，字形定为“時”，后又简化为“时”。

一如这个字的构形所讲述的，太阳在天空中位置的变动，的确是古人定“时”的依据。《尚书·尧典》中有：“乃命羲和，钦若昊天，历象日月星辰，敬授人时。”意即尧帝指示羲和，要敬顺自然的法度，依照日月星辰的运行规律来制定历法，教人民按照时令节气从事农业生产。这就很好地印证了“时”之概念的来源。日月星辰的运转实则在同一个巨大的法则体系中，古人以不同星体为观测对象，来确定历法之中不同层面的概念，比如观北斗而定“斗建”，观岁星而定“十二辰”，观太阳而定“时令”。

在尧帝的都城陶寺遗址，发现了中国乃至世界上最早的观象台——陶寺观象台。观象台立有十三根呈半圆排列的夯土柱，人们从观测点通过土柱之间的十二个狭缝观

1 “寸”为“又”字增一指事符号，有手义，也有尺寸、度量之义。在古文字构形中，“又”“寸”两字常可通用。

测日出方位，以确定时令，安排农事耕作。比如，从第二个和第十二个狭缝看到日出东山时，这一天就为冬至日及夏至日；若从第七个狭缝看到日出，这一天就为春分或者秋分。这样，十二个狭缝，就能够将二十四节气一一确定下来。

“时”的引申义

由节气、时令的本义,“时”可引申为春、夏、秋、冬四季，古称“四时”。《周易》中有：“天地以顺动，故日月不过，而四时不忒。”这是说，因为天地以顺而动，所以日月运行、四季轮转都不会出现偏差。欧阳修《醉翁亭记》中有：“野芳发而幽香，佳木秀而繁阴，风霜高洁，水落而石出者，山间之四时也。”这是分别描述了山中四季的景色：春季花开幽香，夏季林木葱郁，秋季天高霜降，冬季水浅石现。

只有四季、节令的时间尺度还不够，还要在一日之内划分出更细的钟点和时刻。因此“时”又逐渐产生大小时之别，“大时”是指一年四季，“小时”则指一日之中的时辰。《礼记·学记》中有：“大信不约，大时不齐。”这是说，真正的诚信不必靠立誓来约束，也能依诺履行；天有时节之变，四季不必齐同也会如约而至。再后来，“大时”开始转为指一个时辰，“小时”则用来指半个时辰，即一日二十四等分后的基本时间单元。

这种对“时”之尺度的细分是可以无限进行下去的，它绵密相继，若流水不绝，因此“时”又引申为连续流动、永不间歇的时光，就有了广泛意义上的“时间”概念。至于“时候”“时机”“时代”“时尚”“当时”等诸多含义，都

◎隶书

◎楷书

是由此引申而来。比如，“藏器待时”中的“时”是时机；“时移世易”中的“时”是时代；“妆罢低声问夫婿，画眉深浅入时无”，这里的“时”是时髦、时尚；“请君时忆关外客，行到关西多致书”，这里的“时”是及时、按时。

◎楷书

古人云：“天地盈虚，与时消息。”又云：“时止则止，时行则行，动静不失其时。”君子怀信，握持时间这把宇宙之尺，丈量万物的变动不居，于种种情境之中，应对从容。

归

太阳自西向东沿黄道运行，从春分点依次行到夏至、秋分、冬至点，最后再次回到春分点，四时既成。它反映在人们眼中，是太阳缓慢地由南向北又回身折返的运动，人们将太阳完成这个过程的周期，称为一个『回归年』。但『归』字最初并非是以天上日月来立象的。要知『归』言何事，要从一位女子说起。

“归”的本义

“归”字的楷书繁体写作“歸”，字形是自其金文沿袭而来。“歸”的左上是“𠂤”字，在其中充当声符，同时也有小山阜之义，左下是“止”字，表示人的出行，右边是一个“帚”字，一把扫帚的形象，在甲骨文中常代表家中主持洒扫之事的妇女。三个部分合在一起，就描绘了一个这样的场景：一位妇女翻山越岭地远行。

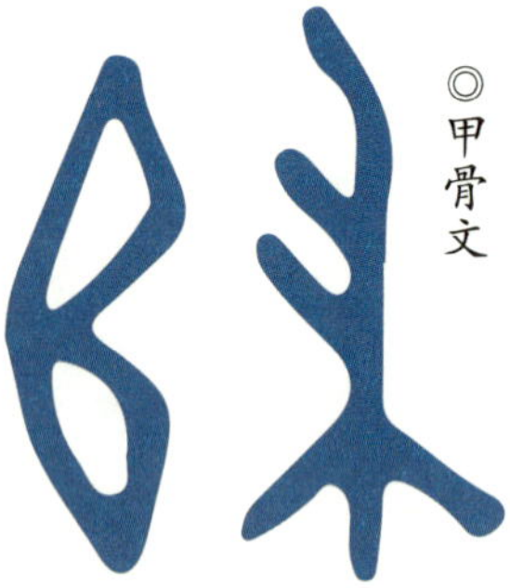

◎甲骨文

◎金文

◎小篆

◎隶书

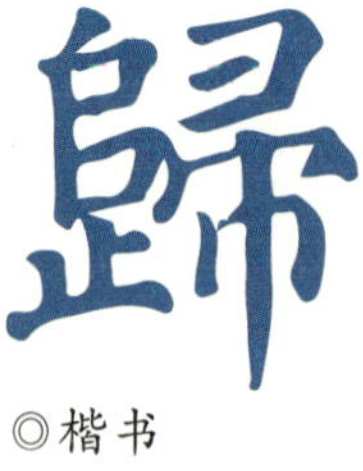

◎楷书

她是要行去哪里？字里似乎没有给出任何提示。但在自由程度和出行能力都十分有限的古代，女子，尤其是未婚女子，是不会轻易远行的。如果远行，便往往是那一件特定的人生大事——出嫁。因此，“归”的本义即女子出嫁，这就是《说文解字》所讲的：“归，女嫁也。”

《诗经·周南·桃夭》中有：“桃之夭夭，灼灼其华。之子于归，宜其室家。”意思是，如火的桃花，朵朵缀满了枝丫。这位美丽的姑娘就要出嫁，她会操持好一个美满的家。这短短几句话，时隔两千多年，仍还有动人心魄的力量，让人生起对爱情、家庭与归宿的向往。

“归”的引申义

有往必有还，出嫁后也还要回娘家省亲，就称为“归宁”或“归安”。《国风·周南·葛覃》中有：“害浣害否，归宁父母。”这是说，该洗的不该洗的都打点清楚，弄好就要回娘家看望父母。辛弃疾有词云：“谁家寒食归宁女，笑语柔桑陌上来。”意即寒食节这天，游春的诗人偶遇数名回家省亲的女子，她们在欢声笑语中，从长满嫩桑的路上走来。

有了回家省亲这项含义，“归”逐渐引申为返回、返还，构词如“回归”“衣锦荣归”“叶落归根”。日月巡天尚有返还之日，异乡为客者却往往归无定时。诗人们似乎永远在叹问归期。王维有：“春草明年绿，王孙归不归？”白居易有：“水陆四千里，何时归到秦？”王安石

归，女嫁也。

有："公今此去何时归，我今停杯一问之。"张若虚有："不知乘月几人归，落月摇情满江树。"而问得最动人的，恐怕还要属李商隐的《夜雨寄北》："君问归期未有期，巴山夜雨涨秋池。何当共剪西窗烛，却话巴山夜雨时。"当被问及此去何时能回，诗人心知答案且坦然回应：这很难预料。更多的言语似乎随着绵密的秋雨蓄满了一池沉默。沉

默是忧郁的，不如换个话题：等我再回来与你秉烛夜谈的时候，你我一边剪着烛花，一边回味此刻巴山的夜雨秋思。

与人返回原处的含义相似，将某物还给别人，也用“归”来表达，这就有了“物归原主”“完璧归赵”“久假不归”；而事物由分散到聚拢，也如外出的游子纷纷还家一样，因此事物聚拢、趋向或者合并于一处，也能称“归”，这便有了“归拢”“归纳”“百川归海”“众望所归”；事物聚合而同至结局、终有着落之处，这就有了“归宿”，有了《周易》所言的“天下同归而殊途”；事物有归宿则有所“归属”，就有了“归他”“归我”“责有所归”。

◎甲骨文

行发乎“止”，而终于“归”，终而复始，是君子的履道。《道德经》中有：“万物并作，吾以观复。夫物芸芸，各复归其根。”君子怀信，归本观复，以见天地之心。

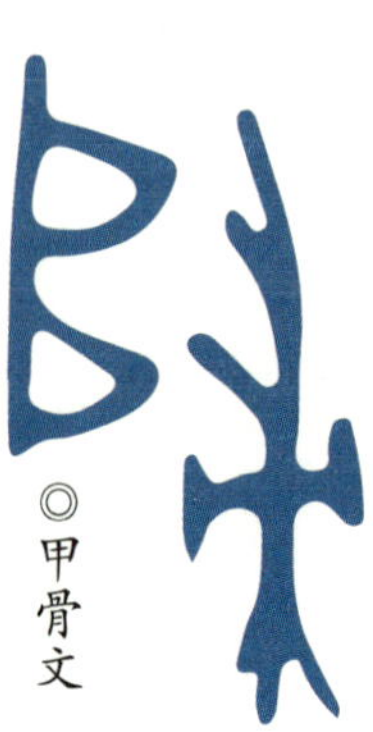
◎甲骨文